Cambridge Latin Course

INTEGRATED EDITION

Unit IIB

with Language Information

CAMBRIDGE
UNIVERSITY PRESS

PUBLISHED BY THE PRESS SYNDICATE OF THE UNIVERSITY OF CAMBRIDGE
The Pitt Building, Trumpington Street, Cambridge CB2 1RP, United Kingdom

CAMBRIDGE UNIVERSITY PRESS
The Edinburgh Building, Cambridge CB2 2RU, United Kingdom
40 West 20th Street, New York, NY 10011–4211, USA
10 Stamford Road, Oakleigh, Melbourne 3166, Australia

This book, an outcome of work jointly commissioned by the Schools Council before
its closure and the Cambridge Schools Classics Project, is published under the aegis
of SCAA Enterprises Limited, Newcombe House, 45 Notting Hill Gate,
London W11 3JB

© SCAA Enterprises Limited 1971, 1983, 1990

First published 1971
Ninth printing 1981
Second edition 1983
Eighth printing 1988
Integrated Edition 1990
Eighth printing 1997

Printed in the United Kingdom at the University Press, Cambridge

ISBN 0 521 38947 X

Cover picture: Bronze cat from Roman Egypt. (Trustees of the British Museum).

Thanks are due to the following for permission to reproduce photographs:
p. 9 The Museum of London; pp. 17, 32, 37, 79 The Trustees of the British Museum;
p. 38 The Cambridge Evening News; pp. 52, 65, 70, 71 The Mansell Collection;
p. 85 from *Cosmos*.

Drawings by Joy Mellor and Leslie Jones

Map by Reg Piggott

DS

Contents

Alexandrīa

Alexandrīa magnum portum habet. prope portum est īnsula. facile est nāvibus ad portum pervenīre, quod in hāc īnsulā est pharus ingēns. multae nāvēs in portū Alexandrīae stāre possunt.

īnsula *island*   pharus *lighthouse*   stāre *lie at anchor*

Alexandrīa est urbs turbulenta. ingēns turba semper urbem complet. multī mercātōrēs per viās ambulant. multī servī per urbem currunt. multī mīlitēs per viās urbis incēdunt. mīlitēs Rōmānī urbem custōdiunt.

incēdunt: incēdere *march*

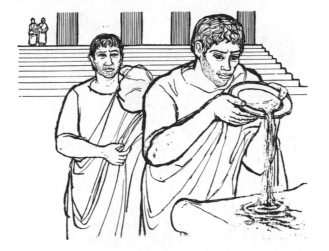

postquam ad urbem pervēnimus, templum vīdimus. ad hoc templum, quod Augustus Caesar aedificāverat, festīnāvimus. prō templō Caesaris erat āra. ego vīnum in āram fūdī.

prō templō *in front of the temple*　　　　　　fūdī: fundere *pour*

prope hanc urbem habitābat Barbillus, vir dīves. Barbillus negōtium cum patre meō saepe agēbat. vīllam splendidam habēbat. ad vīllam Barbillī mox pervēnī. facile erat mihi vīllam invenīre, quod Barbillus erat vir nōtissimus.

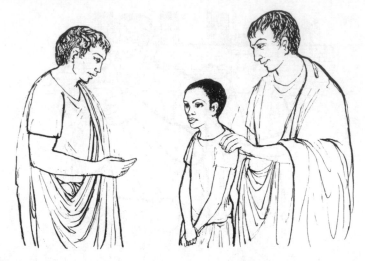

Barbillus multōs servōs habēbat, ego nūllōs. 'decōrum est tibi servum Aegyptium habēre', inquit Barbillus. inter servōs Barbillī erat puer Aegyptius. Barbillus, vir benignus, mihi hunc puerum dedit.

When you have read this story, answer the questions at the end.

tumultus

in vīllā Barbillī diū habitābam. ad urbem cum servō quondam contendī, quod Clēmentem vīsitāre volēbam. ille tabernam prope portum Alexandrīae tenēbat. servus, quī mē dūcēbat, erat puer Aegyptius.

in urbe erat ingēns multitūdō, quae viās complēbat. mercātōrēs 5 per viās ambulābant et negōtium inter sē agēbant. fēminae et ancillae tabernās frequentābant; tabernāriī fēminīs et ancillīs stolās ostendēbant. plūrimī servī per viās urbis currēbant. difficile erat nōbīs per viās ambulāre, quod maxima erat multitūdō. tandem ad portum Alexandrīae pervēnimus, sed ibi nūllōs Graecōs vidēre 10 poterāmus. puer, postquam hoc sēnsit, anxius dīxit,

'melius est nōbīs ad vīllam Barbillī revenīre. ad tabernam Clēmentis īre nōn possumus. viae sunt perīculōsae, quod Aegyptiī īrātī sunt. omnēs Graecī ex hāc parte urbis fūgērunt.'

'minimē!' puerō respondī. 'quamquam Aegyptiī sunt īrātī, ad 15 vīllam redīre nōlō. longum iter iam fēcimus. paene ad tabernam Clēmentis pervēnimus. necesse est nōbīs cautē prōcēdere.'

itaque ad tabernam Clēmentis contendimus, sed in triviīs magna multitūdō nōbīs obstābat. ego anxius hanc multitūdinem spectāvī.

---

tumultus *riot*
quondam *one day, once*
ille *he*
tabernāriī: tabernārius *shopkeeper*
plūrimī *very many*
sēnsit: sentīre *notice*
melius est *it would be better*
parte: pars *part*
in triviīs *at the crossroads*
nōbīs obstābat *blocked our way, obstructed us*

in multitūdine Aegyptiōrum erat senex, quī Graecōs Rōmānōsque 20
vituperābat. omnēs eum intentī audiēbant.

ubi hoc vīdī, sollicitus eram. puer Aegyptius, quī sollicitūdinem
meam sēnserat, mē ad casam proximam dūxit.

'domine, in hāc casā habitat faber, quī Barbillum bene nōvit.
necesse est nōbīs casam intrāre et perīculum vītāre.' 25

faber per fenestram casae forte spectābat. ubi puerum agnōvit,
nōs in casam suam libenter accēpit.

postquam casam intrāvimus, susurrāvī,

'quis est hic faber?'

'est Diogenēs, faber Graecus', respondit puer. 30

ubi hoc audīvī, magis timēbam. nam in casā virī Graecī eram;
extrā iānuam casae Aegyptiī Graecōs vituperābant. subitō servus
clāmāvit,

'ēheu! Aegyptiī īnfestī casam oppugnant.'

Diogenēs statim ad armārium contendit. in armāriō erant 35
quīnque fūstēs, quōs Diogenēs extrāxit et nōbīs trādidit.

Aegyptiī iānuam effrēgērunt et in casam irrūpērunt. nōs
Aegyptiīs fortiter resistēbāmus, sed illī erant multī, nōs paucī.
septem Aegyptiī mē circumveniēbant. duōs graviter vulnerāvī, sed
cēterī mē superāvērunt. prōcubuī exanimātus. ubi animum recēpī, 40
casam circumspectāvī. fenestrae erant frāctae, casa dīrepta.
Diogenēs in mediā casā stābat lacrimāns. prope mē iacēbat puer meus.

'puer mortuus est', inquit Diogenēs. 'Aegyptiī eum necāvērunt,
quod ille tē dēfendēbat.'

sollicitūdinem: sollicitūdō *anxiety*	oppugnant: oppugnāre *attack*
casam: casa *small house*	effrēgērunt: effringere *break down*
nōvit *knows*	irrūpērunt: irrumpere *burst in*
perīculum *danger*	septem *seven*
fenestram: fenestra *window*	circumveniēbant: circumvenīre *surround*
forte *by chance*	animum recēpī: animum recipere *recover*
accēpit: accipere *take in, receive*	consciousness
extrā iānuam *outside the door*	dīrepta *pulled apart, ransacked*
īnfestī: īnfestus *hostile*	dēfendēbat: dēfendere *defend*

1 Why did Quintus visit the city? Who went with him?
2 Why did the slave-boy suggest turning back? Why did Quintus not agree?
3 What was happening at the crossroads?
4 When the craftsman looked out of the house, how did he guess that Quintus was a friend of Barbillus?
5 Why was Quintus frightened when the boy told him who the craftsman was?
6 What weapons did Diogenes have ready?
7 How did the Egyptians get into the house?
8 Who was killed? Why did the Egyptians kill him? Why do you think they did not kill anyone else?

ad templum

per viās urbis quondam cum Barbillō ībam. in multitūdine, quae
viās complēbat, Aegyptiōs, Graecōs, Iūdaeōs, Syrōs vīdī. subitō vir
quīdam nōbīs appropinquāvit. Barbillus, simulatque eum
cōnspexit, magnum gemitum dedit.

'ēheu!' inquit. 'quam miserī sumus! ecce Plancus, vir doctissimus, 5
quī numquam tacet! semper dē monumentīs et dē portū
Alexandrīae garrīre vult.'

'salvē, mī dulcissime!' inquit Plancus. 'quid hodiē agis? quō
contendis?'

'ad templum', respondit Barbillus invītus.   10

'ad templum Augustī?' rogāvit ille.

'minimē, ad templum Serāpidis īmus', inquit Barbillus. 'nunc
festīnāre dēbēmus, quod iter longum est. nōnne tū negōtium cum
aliīs mercātōribus agere dēbēs? valē!'

ille tamen Barbillō respondit, 'hodiē ōtiōsus sum. commodum est 15
mihi ad templum Serāpidis īre. dē Serāpide vōbīs nārrāre possum.'

tum Plancus nōbīscum ībat garriēns. nōbīs dē omnibus
monumentīs nārrāre coepit. Barbillus, quī iam rem graviter ferēbat,
in aurem meam susurrāvit,

'comes noster loquācior est quam psittacus et obstinātior quam 20
asinus.'

dēnique, ubi nōs miserī ad templum advēnimus, Plancus statim
dē Serāpide garrīre coepit,

'spectāte templum! quam magnificum! spectāte cellam! statuam
vīdistis, quae in cellā est? deus ibi cum magnā dignitāte sedet. in 25
capite deī est canistrum. Serāpis enim est deus quī segetēs cūrat.
opportūnē hūc vēnimus. hōra quārta est. nunc sacerdōtēs in ārā
sacrificium facere solent.'

subitō tuba sonuit. sacerdōtēs ē cellā templī ad āram
prōcessērunt. sacerdōs clāmāvit,   30

'tacēte vōs omnēs, quī adestis! tacēte vōs, quī hoc sacrificium
vidēre vultis!'

omnēs virī fēminaeque statim tacuērunt. Barbillus, ubi hoc
sēnsit, rīsit et mihi susurrāvit,

'ehem! vidēsne Plancum? ubi sacerdōs silentium poposcit, etiam 35
ille dēnique tacuit. mīrāculum est. deus nōs servāvit.'

Iūdaeōs: Iūdaeī *Jews*
Syrōs: Syrī *Syrians*
vir quīdam *one man, a certain man*
gemitum: gemitus *groan*
doctissimus: doctus *learned, clever*
monumentīs: monumentum *monument*
mī dulcissime *my dear fellow*
quid . . . agis? *how are you?*
garriēns *chattering*
coepit *began*
aurem: auris *ear*
loquācior: loquāx *talkative*
psittacus *parrot*

obstinātior: obstinātus *obstinate*
dēnique *at last, finally*
cellam: cella *sanctuary*
in capite *on the head*
canistrum *basket*
enim *for*
hōra *hour*
quārta *fourth*
facere solent *are accustomed to make*
ehem! *well, well!*
silentium *silence*
mīrāculum *miracle*

The god Serapis

9

About the language

1 Study the following sentences:

ad portum **Alexandrīae** mox pervēnimus.
We soon arrived at the harbour of Alexandria.

in vīllā **Barbillī** erant multī servī.
In the house of Barbillus were many slaves.

mīlitēs Rōmānī per viās **urbis** incēdēbant.
Roman soldiers were marching through the streets of the city.

in multitūdine **Aegyptiōrum** erat senex.
In the crowd of Egyptians was an old man.

The words in heavy print are in the *genitive* case.

2 Compare the nominative singular with the genitive singular and
genitive plural in each declension:

	nominative singular	genitive singular	genitive plural
first declension	puella	puellae	puellārum
second declension	servus	servī	servōrum
third declension	leō	leōnis	leōnum

3 Further examples:

1 multī servī in viā clāmābant. Quīntus per multitūdinem servōrum contendit.
2 omnēs sacerdōtēs prō templō Augustī stābant.
3 agricola magnum fundum habēbat. Barbillus ad fundum agricolae saepe ambulābat.
4 nūllī Graecī in illā parte urbis habitābant.
5 multae ancillae viās complēbant. puer Quīntum per turbam ancillārum dūxit.
6 mercātor togās in tabernā vēndēbat. iuvenēs et puerī ad tabernam mercātōris contendērunt.

mercātor Arabs

ego cum Barbillō cēnāre solēbam. Barbillus mihi gemmās suās
quondam ostendit. gemmās attonitus spectāvī, quod maximae et
splendidae erant. Barbillus hās gemmās ā mercātōre Arabī ēmerat.
dē hōc mercātōre fābulam mīrābilem nārrāvit.

    mercātor ōlim cum merce pretiōsā Arabiam trānsībat. in merce 5
erant stolae sēricae, dentēsque eburneī. multōs servōs quoque
habēbat, quī mercem custōdiēbant. subitō latrones, quī īnsidiās
parāverant, impetum fēcērunt. mercātor servīque latrōnibus ācriter
resistēbant, sed latrōnēs tandem servōs superāvērunt. tum latrōnēs
cum servīs et cum merce mercātōris effūgērunt. mercātōrem 10
exanimātum relīquērunt.

    ille tamen nōn erat mortuus. mox animum recēpit. sōlus erat in
dēsertīs, sine aquā, sine servīs. dē vītā suā paene dēspērābat. subitō
mōnstrum terribile in caelō appāruit; ālae longiōrēs erant quam
rēmī, unguēs maiōrēs quam hastae. in capite mōnstrī erant 15
oculī, quī flammās ēmittēbant. mōnstrum mercātōrem rēctā
petīvit. mercātor, postquam hoc mōnstrum dēscendēns vīdit, ad

Arabs *Arabian*
gemmās: gemma *jewel, gem*
merce: merx *goods, merchandise*
trānsībat: trānsīre *cross*
sēricae *silk*
dentēs . . . eburneī *ivory tusks*
latrōnēs: latrō *robber*
īnsidiās: īnsidiae *trap, ambush*
ācriter *keenly, fiercely*
relīquērunt: relinquere *leave*
in dēsertīs *in the desert*
mōnstrum *monster*
ālae: āla *wing*
unguēs: unguis *claw*
rēctā *directly, straight*
dēscendēns *coming down*

terram exanimātus prōcubuit. ubi animum recēpit, anxius
circumspectāvit. iterum dē vītā dēspērābat, quod iam in nīdō
ingentī iacēbat. nīdus in monte praeruptō haerēbat. in nīdō mōnstrī 20
erat cumulus. in hōc cumulō mercātor multōs lapidēs fulgentēs
cōnspexit.

'nunc rem intellegere possum', mercātor sibi dīxit. 'hoc
mōnstrum, sīcut pīca, rēs fulgentēs colligere solet. mōnstrum mē
petīvit, quod zōna mea fulgēbat.'   25

postquam lapidēs īnspexit, laetus sibi dīxit, 'hercle! fortūna
fortibus favet!'

in cumulō lapidum erant multae maximaeque gemmae. mercātor
nōnnūllās gemmās in saccō posuit. tum post cumulum gemmārum
sē cēlāvit. mōnstrum mox cum aliā gemmā revēnit, et in nīdō 30
cōnsēdit.

postquam nox vēnit, mercātor audāx in mōnstrum dormiēns
ascendit, et in tergō iacēbat. in tergō mōnstrī per tōtam noctem
haerēbat. māne hoc mōnstrum cum mercātōre, quī in tergō etiam
nunc iacēbat, ēvolāvit. quam fortūnātus erat mercātor! mōnstrum 35
ad mare tandem advēnit, ubi nāvis erat. mercātor, postquam
nāvem vīdit, dē tergō mōnstrī dēsiluit. in undās maris prope nāvem
cecidit. ita mercātōrem fortūna servāvit.

nīdō: nīdus *nest*
praeruptō: praeruptus *steep*
cumulus *pile*
lapidēs: lapis *stone*
fulgentēs: fulgēns *shining, glittering*
sīcut pīca *like a magpie*
colligere *gather, collect*
zōna *belt*
fulgēbat: fulgēre *shine*
fortūna *fortune, luck*
saccō: saccus *bag, purse*
audāx *bold*
dormiēns *sleeping*
in tergō *on its back*
cecidit: cadere *fall*

Practising the language

1 Complete each sentence with the right word and then translate.

1 ubi Diogenēs hoc dīxit, nōs casam . . . . . . (intrāvī, intrāvimus)

2 Aegyptiī tabernam nostram oppugnāvērunt, ubi vōs in Arabiā . . . . . . (aberās, aberātis)

3 ego, ubi in urbe eram, tēcum negōtium . . . . . .(agēbam, agēbāmus)

4 tū senem, quī Rōmānōs vituperābat, ... (audīvistī, audīvistis)

5 nos . . . . ., quod sacerdōtēs ad āram prōcēdēbant. (tacēbāmus, tacēbam)

6 tū auxilium mihi semper . . . . . . (dabātis, dabās)

7 ego vīnum in āram, quae prō templō erat, ... (fūdimus, fūdī)

8 vōs mihi togās sordidās . . . . . .(vēndidistis, vēndidistī)

2 Complete each sentence with the most suitable word from the list below and then translate.

volō	possum
vīs	potes
vult	potest

1 māne ad portum ambulāre soleō, quod nāvēs spectāre . . . . .

2 mihi valdē placet puellam audīre, quae suāviter cantāre . . . . . .

3 longum iter iam fēcī; ad vīllam hodiē pervenīre nōn . . . . . .

4 amīce, festīnā! nōnne pompam vidēre . . . . .?

5 mātrōna, quae fīliō dōnum dare . . . . ., togās in tabernā īnspicit.

6 Bregāns, quam rōbustus es! maximās amphorās portāre . . . . . .

About the language

1 From Stages 4 and 6 onwards you have met the words 'tamen' and 'igitur':

Quīntus **tamen** ad vīllam contendit.
However, Quintus hurried to the house.

rēx **igitur** multōs prīncipēs ad aulam invītāvit.
Therefore the king invited many chieftains to the palace.

Notice the position of 'tamen' and 'igitur' in the sentence.

2 The word 'enim' has a similar position in the sentence:

rēx Vespasiānum honōrāvit. Vespasiānus **enim** erat imperātor.
The king honoured Vespasian. For Vespasian was the emperor.

3 Further examples:

1 Diogenēs nōbīs fūstēs trādidit. Aegyptiī enim casam oppugnābant.
2 Quīntus sollicitus erat. senex enim Graecōs Rōmānōsque vituperābat.

Alexandria

The site of this famous city was chosen by Alexander the Great when he came to Egypt in 331 B.C. Alexander needed a safe harbour for his large fleet of ships, and he chose a fishing village west of the mouth of the Nile, where there was good anchorage, a healthy climate and fresh water, and limestone quarries nearby to provide stone for building. He commanded his architect to plan and build a city which was to be a new centre of trade and civilisation.

Alexander died before the work had properly begun, but the city was named after him and his body was buried there in a magnificent tomb. He was succeeded as ruler by Ptolemy, one of his generals, whose descendants governed Alexandria and Egypt for the next three hundred years.

By the first century A.D., when Egypt had become part of the Roman empire, Alexandria was probably as large and splendid as Rome itself; it was certainly the greatest city in the eastern part of the empire, with perhaps a million inhabitants. Much of its wealth and importance was due to its position. It stood at a meeting-place of great trade routes, and was therefore excellently placed for trading on a large scale. Merchants and businessmen were attracted to the city because it offered them safe harbours for their ships, huge warehouses for storage, a vast number of dock-workers to carry their goods, and a busy market for buying and selling.

Into Alexandria came luxury goods such as bronze statues from Greece or fine Italian wines, and raw materials such as wood and marble to be used by craftsmen in the local workshops. Out to other countries went wheat, papyrus, glassware and much else. A list in the *Red Sea Guide Book*, written by an Alexandrian merchant in the first century A.D., gives some idea of the vast range of goods bought and sold in the city: 'clothes, cotton, skins, muslins, silks, brass, copper, iron, gold, silver, silver plate, tin, axes, adzes, glass, ivory, tortoise shell, rhinoceros horn, wine, olive oil, sesame oil, rice,

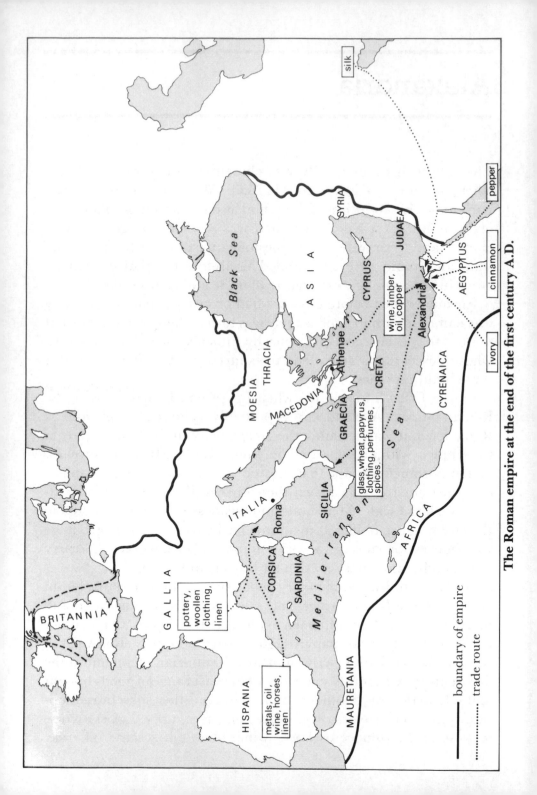

The Roman empire at the end of the first century A.D.

silk

pepper

cinnamon

ivory

SYRIA

JUDAEA

CYPRUS

AEGYPTUS

Alexandria

wine, timber, oil, copper

CRETA

CYRENAICA

Black Sea

A S I A

THRACIA

MOESIA

MACEDONIA

GRAECIA

Athenae

glass, wheat, papyrus, clothing, perfumes, spices

Mediterranean Sea

SICILIA

ITALIA

Roma

CORSICA

SARDINIA

AFRICA

GALLIA

pottery, woollen clothing, linen

BRITANNIA

HISPANIA

metals, oil, wine, horses, linen

MAURETANIA

—— boundary of empire

········· trade route

The goddess Isis holding a billowing sail and standing before the Pharos at Alexandria

butter, honey, wheat, myrrh, frankincense, cinnamon, fragrant gums, papyrus.'

A traveller from Greece or Italy would approach Alexandria by sea. The first thing he would see, rising above the horizon, would be the huge lighthouse that stood on a little island called Pharos just outside the harbour. This lighthouse, which was itself called Pharos, was one of the seven wonders of the ancient world. It was over 122 metres (400 feet) high, with a fire constantly alight at the top, and it acted as a marker day and night for the thousands of ships that used the port each year.

Alexandria had three harbours. The Great Harbour and the Western Harbour lay on either side of a breakwater 1,200 metres (three-quarters of a mile) long which joined Pharos island to the mainland. The third harbour was a large lake which lay behind the city and was connected by canals to the river Nile and then by a further canal to the Red Sea; this was the route that led to India.

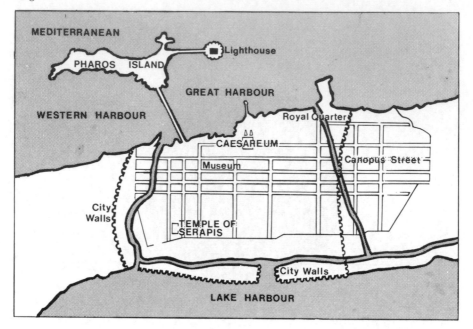

Plan of Alexandria

Alexander's architect had planned the city carefully, with its streets set out in a grid system, crossing each other at right angles as in many modern American cities. The main street, Canopus Street, was more than 30 metres (100 feet) wide, wider than any street in Rome and four times the size of any street that Quintus would have known in Pompeii. Some of the houses were several storeys high, and many of the public buildings were built of marble. By the Great Harbour was the Royal Quarter, an area of more than 260 hectares (one square mile) containing palaces, temples, gardens and government offices. West of the Royal Quarter was the Caesareum, where Quintus, in the paragraph on page 3, made his offering of wine. The Caesareum was a temple begun by Queen Cleopatra in honour of the Roman general Marcus Antonius and completed by the Emperor Augustus as a shrine dedicated to himself. In the words of the Jewish writer Philo, it was 'wonderfully high and large, full of precious paintings and statues, and beautiful all over with gold and silver; it contains colonnades, libraries, courtyards and sacred groves, all made as skilfully as possible with no expense spared'.

Nearby stood two obelisks, tall narrow pillars of granite, pointed at the top. They were brought from an ancient Egyptian temple and placed in front of the Caesareum by a Roman engineer in 13 B.C. In the nineteenth century one was removed to London and placed on the embankment of the river Thames, and the other was taken to Central Park, New York. They are known as Cleopatra's Needles.

But Alexandria was more than a city of fine streets, glittering marble and busy trading; it was a centre of education and study. The university, known as the Museum, had the largest library in the ancient world with more than half a million volumes on its shelves. Professional scholars were employed to do research in a wide range of subjects – mathematics, astronomy, anatomy, geography, literature and languages. Here the first maps of the world were drawn, based on travellers' reports; here Euclid wrote his famous geometry textbook and Aristarchus put forward his theory that the Earth goes round the Sun.

Alexandria was a city of many different races, including Egyptians, Jews, Romans, Africans and Indians. But on the whole the people with most power and influence were the Greeks. They had planned the city and built it; they had ruled it before the Romans came and continued to play a part in running it under the Romans; theirs was the official language; they owned great wealth in Alexandria and enjoyed many privileges. This caused jealousy among the other races, and was one of the reasons why quarrels and riots frequently broke out. The Roman governor, or even the emperor himself, often had to step in and try to settle such disputes as fairly and peacefully as possible. After one violent riot involving the Jews, the Emperor Claudius included the following stern warning in a letter to the Alexandrians:

'Although I am very angry with those who stirred up the trouble, I am not going to enquire fully into who was responsible for the riot – I might have said, the war – with the Jews. But I tell you this, once and for all: unless you stop quarrelling with each other, I shall be forced to show you what even a kind emperor can do when he has good reason to be angry.'

Words and phrases checklist

Nouns in the checklists for Stages 17–20 are usually listed in the form of their nominative and genitive singular. Verbs are listed as before.

ā, ab – from
animus, animī – spirit, soul
appropinquō, appropinquāre, appropinquāvī – approach, come
    near to
āra, ārae – altar
bene – well
benignus – kind
dēsiliō, dēsilīre, dēsiluī – jump down
dēspērō, dēspērāre, dēspērāvī – despair
diū – for a long time
exanimātus – unconscious
facilis – easy
fulgeō, fulgēre, fulsī – shine
gemma, gemmae – jewel, gem
graviter – seriously
haereō, haerēre, haesī – stick, cling
hasta, hastae – spear
hūc – here, to this place
impetus, impetūs – attack
īnsula, īnsulae – island
itaque – and so
latrō, latrōnis – robber
mare, maris – sea
maximus – very big
multitūdō, multitūdinis – crowd
negōtium, negōtiī – business
numquam – never
paucī – few, a few
perveniō, pervenīre, pervēnī – reach, arrive at
quondam – one day, once
recipiō, recipere, recēpī – recover, take back

sine – without
soleō, solēre – be accustomed
sordidus – dirty
tergum, tergī – back
vīta, vītae – life

Eutychus et Clēmēns

quattuor servī senem in viā pulsābant.
tabernārius et uxor et ancilla pugnam spectābant.
omnēs perterritī erant.

tabernārius perterritus erat, quod senex vehementer clāmābat.
ancilla perterrita erat, quod multus sanguis fluēbat.
uxor perterrita erat, quod servī fūstēs ingentēs vibrābant.

taberna

postquam ad urbem advēnimus, ego Clēmentī diū tabernam quaerēbam. tandem Barbillus, quī trīgintā tabernās possidēbat, mihi tabernam optimam obtulit. haec taberna prope templum Īsidis erat. in hāc parte urbis via est, in quā omnēs tabernāriī vitrum vēndunt. facile est illīs tabernāriīs mercem vēndere, quod vitrum 5 Alexandrīnum nōtissimum est. taberna, quam Barbillus mihi offerēbat, optimum situm habēbat, optimum lucrum. Barbillus tamen dubitābat.

'sunt multae operae', inquit, 'in illā parte urbis. tabernāriī operās timent, quod pecūniam extorquent et vim īnferunt. operae lībertum 10 meum interfēcērunt, quī nūper illam tabernam tenēbat. eum in viā invēnimus mortuum. lībertus, quī senex obstinātus erat, operīs pecūniam dare nōluit. operae eum necāvērunt tabernamque dīripuērunt.'

'Clēmēns vir fortis, nōn senex īnfirmus est', ego Barbillō 15 respondī. 'fortūna semper eī favet. hanc tabernam Clēmentī emere volō. tibi centum aureōs offerō. placetne?'

'mihi placet', respondit Barbillus. 'centum aureī sufficiunt.'

Barbillō igitur centum aureōs trādidī.

vitrum *glass*
Alexandrīnum: Alexandrīnus *Alexandrian*
situm: situs *position, site*
lucrum *profit*
dubitābat: dubitāre *be doubtful*
operae *hired thugs*
extorquent: extorquēre *extort*
vim īnferunt: vim īnferre *use force, violence*
dīripuērunt: dīripere *ransack*
īnfirmus *weak*
centum aureōs *a hundred gold pieces*
sufficiunt: sufficere *be enough*

in officīnā Eutychī

postquam tabernam Clēmentī dedī, ille mihi grātiās maximās ēgit. statim ad viam, in quā taberna erat, festīnāvit: adeō cupiēbat tabernam tenēre.

in viā vitreāriōrum erat ingēns turba. ibi Clēmēns tabernam suam prope templum Īsidis cōnspexit. valvās ēvulsās vīdit, 5 tabernam dīreptam. īrātus igitur Clēmēns tabernārium vīcīnum rogāvit,

'quis hoc fēcit?'

'rogā Eutychum!' inquit tabernārius, quī perterritus erat.

Clēmēns statim Eutychum quaesīvit. facile erat Clēmentī eum 10 invenīre, quod officīnam maximam possidēbat. prō officīnā Eutychī stābant quattuor servī Aegyptiī. Clēmēns numquam hominēs ingentiōrēs quam illōs Aegyptiōs vīderat. eōs tamen nōn timēbat. ūnum servum ex ōrdine trāxit.

'heus! Atlās!' inquit Clēmēns. 'num dormīs? Eutychum, 15 dominum tuum, interrogāre volō. cūr mihi obstās? nōn decōrum est tibi lībertō obstāre.'

tum Clēmēns servōs attonitōs praeteriit, et officīnam Eutychī intrāvit.

Eutychus in lectō recumbēbat; cibum ē canistrō gustābat. valdē 20 sūdābat, et manūs in capillīs servī tergēbat. postquam Clēmentem vīdit, clāmāvit,

'quis es, homuncule? quis tē hūc admīsit? quid vīs?'

'Quīntus Caecilius Clēmēns sum', respondit Clēmēns. 'dē tabernā, quae dīrepta est, cognōscere volō. nam illa taberna nunc 25 mea est.'

Eutychus, postquam hoc audīvit, Clēmentem amīcissimē salūtāvit, et eum per officīnam dūxit. ipse Clēmentī fabrōs suōs dēmōnstrāvit. in officīnā erant trīgintā vitreāriī Aegyptiī, quī ōllās ōrnātās faciēbant. dīligenter labōrābant, quod aderat vīlicus, quī 30 virgam vibrābat.

Eutychus, postquam Clēmentī officīnam ostendit, negōtium agere coepit.

'perīculōsum est, mī amīce, in viā vitreāriōrum', inquit. 'multī fūrēs ad hanc viam veniunt, multī latrōnēs. omnēs igitur tabernāriī 35 auxilium ā mē petunt. tabernāriī mihi pecūniam dant, ego eīs praesidium. tabernam tuam servāre possum. omnēs tabernāriī mihi decem aureōs quotannīs dare solent. paulum est. num tū praesidium meum recūsāre vīs?'

Clēmēns tamen Eutychō nōn crēdēbat. auxilium igitur recūsāvit. 40

'ego ipse tabernam, in quā habitō, servāre possum', inquit Clēmēns. 'praesidium tuum operāsque tuās floccī nōn faciō.'

tum lībertus sēcūrus exiit.

officīnā: officīna *workshop*	manūs . . . tergēbat *was wiping his hands*
adeō *so much, so greatly*	capillīs: capillī *hair*
in viā vitreāriōrum *in the street of the glassmakers*	admīsit: admittere *let in*
valvās: valvae *doors*	amīcissimē: amīcē *in a friendly way*
ēvulsās: ēvulsus *wrenched off*	ōllās: ōlla *vase*
vīcīnum: vīcīnus *neighbouring, nearby*	ōrnātās: ōrnātus *decorated*
quattuor *four*	praesidium *protection*
interrogāre *question*	paulum *little*
praeteriit: praeterīre *go past*	floccī nōn faciō *I don't care a hang for*
sūdābat: sūdāre *sweat*	sēcūrus *without a care*

When you have read this story, answer the questions at the end.

Clēmēns tabernārius

Clēmēns mox tabernam suam renovāvit. fabrōs condūxit, quī valvās mūrōsque refēcērunt. multās ōllās cum aliīs ōrnāmentīs vitreīs ēmit. cēterī tabernāriī, quamquam Eutychum valdē timēbant, Clēmentem libenter adiuvābant. nam Clēmēns cōmis erat et eīs invicem auxilium dabat. facile erat eī lucrum facere, quod 5
pretium aequum semper postulābat.

haec taberna, ut dīxī, prope templum deae Īsidis erat. ad hoc templum Clēmēns, quī pius erat, cotīdiē adībat. ibi deam Īsidem adōrābat et eī ōrnāmentum vitreum saepe cōnsecrābat.

sacerdōtēs, quī templum administrābant, mox Clēmentem 10
cognōvērunt. deinde Clēmēns Īsiacīs sē coniūnxit. sacerdōtēs igitur eum in cellam dūxērunt, in quā fēlēs sacra habitābat. sacerdōtēs eī librum sacrum dedērunt, in quō dē mystēriīs deae legere poterat.

postquam Īsiacīs sē coniūnxit, saepe in templō cēnābat, fēlemque
sacram vidēbat. eam semper mulcēbat, et eī semper aliquid ex 15
paterā suā dabat.

    mox plūrimōs amīcōs Clēmēns habēbat. nam tabernāriī, quī
Eutychō pecūniam invītī dabant, paulātim Clēmentī cōnfīdēbant.
tabernāriī Eutychum inimīcum putābant, Clēmentem vindicem.
tandem omnēs Eutychō pecūniam trādere nōluērunt. 20

    itaque Eutychus operās Aegyptiās collēgit et eīs fūstēs dedit.

    'nunc', inquit Eutychus, 'occāsiōnem capere dēbēmus. necesse
est istī Clēmentī poenās dare.'

    operae, postquam fūstēs cēpērunt, ad tabernam Clēmentis
contendērunt. 25

renovāvit: renovāre *restore*	Īsiacīs: Īsiacus *follower of Isis*
condūxit: condūcere *hire*	sē coniūnxit: sē coniungere *join*
refēcērunt: reficere *repair*	sacra: sacer *sacred*
ōrnāmentīs: ōrnāmentum *ornament*	mystēriīs: mystēria *mysteries, secret*
vitreīs: vitreus *glass, made of glass*	*worship*
invicem *in turn*	mulcēbat: mulcēre *stroke*
aequum: aequus *fair*	cōnfīdēbant: cōnfīdere *trust*
ut *as*	putābant: putāre *think*
pius *respectful to the gods*	vindicem: vindex *champion, defender*
adōrābat: adōrāre *worship*	occāsiōnem: occāsiō *opportunity*
cōnsecrābat: cōnsecrāre *dedicate*	poenās dare *pay the penalty, be punished*

1 How did Clemens get his shop repaired and restocked?
2 Why did the other shopkeepers help Clemens?
3 Whose temple did Clemens visit? What offerings did he make
    there?
4 How did Clemens learn more about the worship of the goddess?
5 What animal lived in the temple? In what ways did Clemens
    show kindness to it?
6 Why did the shopkeepers stop paying Eutychus?
7 What did Eutychus do? What was his plan?

About the language

1   You have already seen how an adjective changes its ending to agree, in *case* and *number*, with the noun it describes. For example:

accusative singular: rēx nūntium **fēlīcem** salūtāvit.
The king greeted the lucky messenger.

nominative plural: mercātōrēs **fessī** dormiēbant.
The tired merchants were sleeping.

2   An adjective agrees with the noun it describes not only in case and number but also in a third way, *gender*. All nouns in Latin belong to one of three genders: *masculine, feminine* and *neuter*. Compare the following sentences:

Clēmēns amīcōs **callidōs** laudāvit.
Clemens praised the clever friends.

Clēmēns ancillās **callidās** laudāvit.
Clemens praised the clever slave-girls.

In both sentences, the word for 'clever' is accusative plural. But in the first sentence, the masculine form 'callidōs' is used, because it describes 'amīcōs', which is masculine; in the second sentence, the feminine form 'callidās' is used, because it describes 'ancillās', which is feminine.

3   The forms of adjective which you have met most often are listed on p.97 in the Language Information section.

4 Translate the following examples and pick out the adjective in each sentence:

1 'ubi est coquus novus?' rogāvit Salvius.
2 'ubi est horreum novum?' rogāvit Salvius.
3 magnae nāvēs in portū Alexandrīae stābant.
4 tabernāriī ignāvī per fenestrās spectābant.
5 nūntius dominō longam epistulam trādidit.
6 mīlitēs custōdem stultum mox invēnērunt.

Find the noun described by each adjective, and use the 'Words and phrases' part of the Language Information section to find the gender of each noun-and-adjective pair.

5 The Latin word for 'who' or 'which' at the beginning of a relative clause changes like an adjective to match the gender of the word it describes. Notice how the forms 'quī' (masculine), 'quae' (feminine) and 'quod' (neuter) are used in the following examples:

rēx, **quī** in aulā habitābat, caerimōniam nūntiāvit.
The king, who lived in the palace, announced a ceremony.

puella, **quae** per forum contendēbat, operās vīdit.
The girl, who was hurrying through the forum, saw the thugs.

dōnum, **quod** āthlētam maximē dēlectāvit, erat statua.
The gift, which pleased the athlete very much, was a statue.

6 Nouns referring to males, e.g. 'pater', 'fīlius', 'centuriō', are usually masculine; nouns referring to females, e.g. 'māter', 'fīlia', 'uxor', are usually feminine. Other nouns can be masculine (e.g. 'hortus'), feminine (e.g. 'nāvis') or neuter (e.g. 'nōmen').

prō tabernā Clēmentis

Clēmēns in templō deae Īsidis cum cēterīs Īsiacīs saepe cēnābat. quondam, ubi ā templō, in quō cēnāverat, domum redībat, amīcum cōnspexit accurrentem.

'taberna ardet! taberna tua ardet!' clāmāvit amīcus. 'tabernam tuam dīripiunt Eutychus et operae. eōs vīdī valvās ēvellentēs, 5 vitrum frangentēs, tabernam incendentēs. fuge! fuge ex urbe! Eutychus tē interficere vult. nēmō eī operīsque resistere potest.'

Clēmēns tamen nōn fūgit, sed ad tabernam quam celerrimē contendit. postquam illūc advēnit, prō tabernā stābat immōtus.

Bronze cat from Roman Egypt

valvās ēvulsās, tabernam dīreptam vīdit. Eutychus extrā tabernam 10
cum operīs Aegyptiīs stābat, rīdēbatque.

'mī dulcissime!' inquit Eutychus cachinnāns. 'nōnne tē dē hāc viā
monuī? nōnne amīcōs habēs quōs vocāre potes? cūr absunt? fortasse
sapientiōrēs sunt quam tū.'

Clēmēns cum summā tranquillitāte eī respondit, 15

'deī tamen nōn absunt. deī mē servāre possunt; deī postrēmō
hominēs scelestōs pūnīre solent.'

'quid dīcis?' inquit Eutychus īrātissimus. 'tūne mihi ita dīcere
audēs?'

tum Eutychus operīs signum dedit. statim quattuor Aegyptiī cum 20
īnfestīs fūstibus Clēmentī appropinquābant. Clēmēns cōnstitit. via,
in quā stābat, erat dēserta. tabernāriī perterritī per valvās
tabernārum spectābant. omnēs invītī Clēmentem dēseruerant,
simulatque Eutychus et operae advēnērunt.

subitō fēlēs sacra, quam Clēmēns mulcēre solēbat, ē templō exiit. 25
Clēmentem rēctā petīvit. in manūs Clēmentis īnsiluit. omnēs
Aegyptiī statim fūstēs abiēcērunt et ad pedēs Clēmentis
prōcubuērunt. operae Clēmentem, quem fēlēs sacra servābat,
laedere nōn audēbant.

saeviēbat Eutychus, sīcut taurus īrātus. tum fēlēs in caput 30
Eutychī īnsiluit, quod vehementer rāsit.

'melius est tibi fugere', inquit Clēmēns.

Eutychus cum operīs suīs perterritus fūgit. posteā neque
Clēmentem neque tabernāriōs laedere temptābat. mox etiam ex
urbe discessit. nunc Clēmēns est prīnceps tabernāriōrum. 35

domum: domus *home*	dēseruerant: dēserere *desert*
accurrentem: accurrēns *running up*	īnsiluit: īnsilīre *jump onto, jump into*
ēvellentēs: ēvellēns *wrenching off*	abiēcērunt: abicere *throw away*
frangentēs: frangēns *breaking*	laedere *harm*
incendentēs: incendēns *burning, setting on fire*	sīcut *like*
monuī: monēre *warn*	rāsit: rādere *scratch*
sapientiōrēs: sapiēns *wise*	neque . . . neque *neither . . . nor*
tranquillitāte: tranquillitās *calmness*	temptābat: temptāre *try*
scelestōs: scelestus *wicked*	

Practising the language

1 Complete each sentence with the right word or phrase and then translate.

1 . . . . ., quam Clēmēns tenēbat, in viā vitreāriōrum erat. (taberna, tabernae)

2 . . . . . ad tabernam Clēmentis veniēbant, quod ille pretium aequum postulābat. (fēmina Rōmāna, multae fēminae)

3 in tabernā Clēmentis erant . . . . ., quās vitreāriī Aegyptiī fēcerant. (ōlla pretiōsa, multae ōllae)

4 ubi Eutychus et operae advēnērunt, ... valdē timēbant. (tabernārius Graecus, cēterī tabernāriī)

5 . . . . . ad templum Īsidis festīnāvit et Clēmentī dē tabernā nārrāvit. (amīcus fidēlis, amīcī Graecī)

6 . . . . . ē templō Īsidis celeriter discessērunt et ad tabernam cucurrērunt. (amīcus fidēlis, duo amīcī)

2 Complete each sentence with the right word and then translate.

1 Clēmēns Quīntō, quī tabernam . . . . ., grātiās maximās ēgit. (ēmerat, ēmerant)

2 taberna, in quā operae lībertum Barbillī . . . . ., dīrepta erat. (interfēcerat, interfēcerant)

3 Clēmēns igitur ad Eutychum, quī operās . . . . ., festīnāvit. (mīserat, mīserant)

4 Eutychus Clēmentem, quī quattuor servōs ingentēs . . . . ., amīcissimē salūtāvit. (praeterierat, praeterierant)

5 Eutychus dē tabernāriīs, quī praesidium . . . . ., Clēmentī nārrāvit. (petīverat, petīverant)

6 Clēmēns tamen operās, quae tabernam . . . . ., floccī nōn faciēbat. (dīripuerat, dīripuerant)

3 Complete the sentences of the story with the right word from the following list, and then translate. Do not use any word more than once.

mīsī	frēgī	vituperāvī
mīsistī	frēgistī	vituperāvistī

Eutychus in officīnā stābat. vīlicum ad sē vocāvit.

'ego amīcō meō ducentās ōllās heri prōmīsī', inquit Eutychus. 'quot ōllās ad tabernam amīcī meī mīsistī?'

'ego centum ōllās ad eum . . . . .', respondit vīlicus.

'centum ōllās!' exclāmāvit Eutychus. 'cūr tū centum sōlum ōllās ad amīcum meum . . . . .?'

'servus canistrum, in quō ōllae erant, stultissimē omīsit. multae ōllae sunt frāctae', respondit vīlicus.

'ubi est iste servus, quī ōllās frēgit?' rogāvit Eutychus.

vīlicus statim servum ad Eutychum trāxit.

'cūr tū tot ōllās . . . . .?' rogāvit Eutychus.

'ego ōllās . . . . ., quod vīlicus mē terruit', inquit servus. 'vīlicus virgam vibrāvit et mē vituperāvit.'

'cūr tū virgam vibrāvistī et hunc servum . . . . .?' rogāvit Eutychus.

'ego servum . . . . ., quod ignāvus erat', respondit vīlicus.

'servus ignāvus erat, tū neglegēns', inquit Eutychus. 'necesse est vōbīs per tōtam noctem labōrāre.'

ducentās: ducentī *two hundred*
quot? *how many?*
sōlum *only*
stultissimē: stultē *foolishly*
omīsit: omittere *drop*
frēgit: frangere *break*

About the language

1   In Unit I, you met a number of verbs, such as 'faveō', 'crēdō' etc., which are often used with a noun in the dative case. For example:

mercātōrēs **Holcōniō** favēbant.
The merchants gave their support **to Holconius**.
or   The merchants supported Holconius.

2   You have now met some other verbs which are used in the same way:

turba **nōbīs** obstat.
The crowd is an obstacle **to us**.
or   The crowd is obstructing us.

Quīntus **operīs** resistēbat.
Quintus put up a resistance **to the thugs**.
or   Quintus resisted the thugs.

3   Further examples:

1   quattuor servī Aegyptiī mihi obstābant.
2   omnēs tabernāriī Quīntō cōnfīdēbant.
3   Eutychō resistere nōn possum.
4   sacerdōtēs lentē templō appropinquāvērunt.

Glassmaking in Alexandria

In the stories in this Stage, Quintus sets Clemens up in one of Alexandria's oldest and most successful industries – glassmaking. The earliest Egyptian glass vessels, discovered in tombs, date from about 1500 B.C. When Alexandria was founded in 331 B.C. it quickly attracted craftsmen of many kinds, keen to practise and improve their skills. Among these craftsmen were glassmakers, who experimented with various ways of making glass, producing a wide range of different shapes and colours. Before long their styles and methods were being copied all over the civilised world. Their skills quickly spread to Rome, where there was a big demand for Alexandrian glass, and from Rome to Gaul, to the Rhineland and to Britain.

Glass is made from sand, with the addition of sodium carbonate produced from the ash of certain plants. Its earliest use was for glazing pottery. As time went on, it was discovered – perhaps by a potter

Millefiori bowl

– that if glass is heated until it becomes semi-liquid, it can be shaped and left to harden. At first this shaping was carried out by wrapping the molten glass round a clay and sand core, which had been moulded into the shape of a vase or any other object that was required. When the glass had hardened, the core was scraped out or washed out. But this method was only suitable for making small vessels, such as perfume containers.

Gradually, the craftsmen learned to make glass in various colours by adding different chemicals. Blue, green, brown and white were the commonest colours for the basic shapes, but many other colours were used for decoration. This was often added by trailing thin lines of molten glass onto the finished vessel, rather like piping coloured icing onto a fancy cake.

Late in the first century B.C., in Egypt or Syria, a new invention completely changed the glassmaking industry. The glassmakers discovered that instead of wrapping the molten glass round a core, they could pick it up on the end of a hollow pipe, and shape it by

A modern glass-blower at work

blowing down the pipe. Glass-blowing is illustrated in the picture above. The workman in the background has dipped his pipe into the crucible above the furnace and has lifted out a blob of molten glass. His next job is to blow steadily down the pipe, as the workman at the front of the picture is doing, in order to shape the glass into a hollow bubble. By careful reheating and repeated blowing, the glass bubble could be made very big. Many different shapes could be produced by swinging the bubble gently during the blowing, or by using special tools for shaping and cutting, some of which are shown in the picture. Handles, bases and decoration could then be added; for example, the bowl on page 37 is decorated in a typical Alexandrian style known as 'millefiori', in which small pieces of coloured glass were arranged in a pattern round the surface of the newly-made vase before it cooled.

After the invention of glass-blowing, glassmakers were able to produce many different shapes and sizes of vessel quickly and efficiently. From now on, glass could be used not only for making luxury goods but for producing large quantities of ordinary household objects for everyday use. The fame of Alexandrian glass spread, and the Alexandrian glassmakers prospered.

Egypt

South of Alexandria stretched the fertile valley of the river Nile. Every year the Nile flooded, watering the land and depositing rich new soil on the fields. This produced not only enough corn to supply the whole of Egypt but also a large surplus to be sold abroad, in particular at Rome. However, the profits from the corn trade benefited only a small number of people.

Before the Romans came to Egypt, the country had been ruled by Egyptian 'pharaohs' (kings), then by Greeks. These rulers had worked out a system for making the fullest possible use of the land for their own advantage. They regarded the whole country as their own property, and treated the peasant farmers as their private force of workers. They had drawn up a detailed list of all the farms in Egypt and the crops grown on them, and in every village lived government officials whose job was to keep the list up-to-date and check up on the peasants who worked on each farm.

The peasants had no choice but to work hard all the year round. They were not allowed to leave their village without permission; they had to plant whatever crop they were told; and they did not receive their share of the harvest until the ruler had received his. They were also responsible for the upkeep and repair of the country's canals and dykes. Everything the peasants did was checked by the officials. The following certificate, for example, was issued by an official called Dioscurus:

> 'Certificate. Year 16 of the Emperor Caesar Traianus Hadrianus Augustus. Zoilus son of Peteusuchus son of Elites, his mother being Taorsenuphis, has worked on the embankment operations for four days at the canal of Patsontis in Bacchias. I, Dioscurus, signed this.'

Such careful checking-up gave the peasants little chance of going unnoticed or avoiding work. All they could do was complain. Many letters have been found addressed by peasants to government officials, and they usually say the same thing: 'We are worn out: we shall run away'.

When the Romans came, they did nothing to improve the life of the peasants. The certificate quoted above was issued in the reign of the Emperor Hadrian, more than a hundred and fifty years after the Romans' arrival in Egypt. Like the previous rulers, the Romans were more concerned to use the land for their own benefit than to improve the working conditions of peasant farmers. Above all, they wanted to make sure of a steady supply of corn to Rome.

Further money was needed by the government in order to maintain the Alexandrian fleet of merchant ships, the Pharos, the police and the huge numbers of officials. This money was raised by taxation. There were taxes, for example, on vineyards, slaves, dovecotes, and imported and exported goods. Government officials checked continually on the day-to-day activities of the Egyptians. If a man went fishing, an official went with him to register the catch; if anyone sailed out of Alexandria without a permit, he might be fined one third of his property. Licences were required for such activities as brewing, beekeeping and pig-breeding.

Under these conditions, it is not surprising that bribery and corruption were common. Here is an extract from the private accounts kept by a Greek living in Egypt:

gift	240 drachmas
to the guard	20 drachmas
bribes	2,200 drachmas
to two police agents	100 drachmas
to Hermias, police agent	100 drachmas
to a soldier	500 drachmas

Although such payments were illegal, they were regarded as a normal part of daily life, and the government usually ignored them.

Words and phrases checklist

Adjectives from now on are usually listed as in the Unit IIB
Language Information section (see p.114 for details).

aliquid – something
audeō, audēre – dare
caput, capitis – head
coepī – I began
cognōscō, cognōscere, cognōvī –
 get to know, find out
cōnsistō, cōnsistere, cōnstitī –
 stand one's ground, stand
 firm
dea, deae – goddess
dēmōnstrō, dēmōnstrāre,
 dēmōnstrāvī – point out,
 show
discēdō, discēdere, discessī –
 depart, leave
fortasse – perhaps
fortūna, fortūnae – fortune, luck
frangō, frangere, frēgī – break
ibi – there
invītus, invīta, invītum –
 unwilling
libenter – gladly
longus, longa, longum – long
manus, manūs – hand
mīles, mīlitis – soldier

nam – for
nēmō – no one
nox, noctis – night
obstō, obstāre, obstitī –
 obstruct, block the way
pars, partis – part
perīculōsus, perīculōsa,
 perīculōsum – dangerous
petō, petere, petīvī – beg for,
 ask for
posteā – afterwards
postrēmō – finally, lastly
praesidium, praesidiī –
 protection
prō – in front of
prōcumbō, prōcumbere,
 prōcubuī – fall down
quō? – where, where to?
recūsō, recūsāre, recūsāvī –
 refuse
resistō, resistere, restitī – resist
sacer, sacra, sacrum – sacred
saeviō, saevīre, saeviī – be in a
 rage

Īsis

hic vir est Aristō.
Aristō est amīcus Barbillī.
in vīllā splendidā habitat,
sed miserrimus est.

haec fēmina est Galatēa.
Galatēa est uxor Aristōnis.
Galatēa marītum saepe castīgat,
numquam laudat.

haec puella est Helena.
Helena est fīlia Aristōnis et Galatēae.
multī iuvenēs hanc puellam amant,
quod pulcherrima est.

pompa splendida per viās
Alexandrīae prōcēdit.
omnēs Alexandrīnī hanc
pompam spectāre volunt.

hī virī sunt sacerdōtēs deae
Īsidis. Aristō hōs virōs intentē
spectat. sacerdōtēs statuam
deae per viās portant.

hae puellae prō pompā currunt.
Helena hās puellās intentē
spectat. puellae corōnās
rosārum gerunt.

pompa ad templum Serāpidis
advenit. prope hoc templum
stant duo iuvenēs. hī iuvenēs
tamen pompam nōn spectant.

Aristō

Aristō vir miserrimus est, quod vītam dūram vīvit. pater Aristōnis scrīptor nōtissimus erat, quī in Graeciā habitābat. tragoediās optimās scrībēbat. Aristō, quod ipse tragoediās scrībere vult, vītam quiētam quaerit; sed uxor et fīlia eī obstant.

Galatēa, uxor Aristōnis, amīcōs ad vīllam semper invītat. amīcī 5 Galatēae sunt tībīcinēs et citharoedī. amīcī in vīllā Aristōnis semper cantant et iocōs faciunt. Aristō amīcōs uxōris semper fugit.

Helena quoque, fīlia Aristōnis et Galatēae, patrem vexat. multōs iuvenēs ad vīllam patris invītat. amīcī Helenae sunt poētae. in vīllā Aristōnis poētae versūs suōs recitant. Aristō hōs versūs nōn amat, 10 quod scurrīlēs sunt. saepe poētae inter sē pugnant. saepe Aristō amīcōs fīliae ē vīllā expellit. difficile est Aristōnī tragoediās scrībere.

vīvit: vīvere *live*
scrīptor *writer*
tragoediās: tragoedia *tragedy*
tībīcinēs: tībīcen *pipe player*
citharoedī: citharoedus *cithara player*
expellit: expellere *throw out*

When you have read this story, answer the questions at the end.

diēs fēstus

cīvēs laetī erant. nam hiems erat cōnfecta, et vēr aderat. iam prīmus
diēs vēris erat. iam sacerdōtēs deam Īsidem per viās urbis portāre
solēbant. sacerdōtēs effigiem deae ad portum quotannīs ferēbant.
pompa, quam plūrimī Alexandrīnī spectāre volēbant, splendida
erat.   5

    hanc pompam tamen Barbillus spectāre nōlēbat.

    'nōn commodum est mihi hodiē ad urbem īre', inquit. 'ego hanc
pompam saepe vīdī, tū tamen numquam. amīcus meus igitur,
Aristō, tē ad pompam dūcere vult.'

    Barbillō grātiās ēgī, et cum Aristōne ad portum ībam. Galatēa et 10
fīlia, Helena, nōbīscum ībant. viās urbis iam complēbant cīvēs
Alexandrīnī. ubi portuī appropinquābāmus, Galatēa fīliam et
marītum assiduē castīgābat:

    'Helena! nōlī festīnāre! tolle caput! Aristō! ēmovē hanc turbam!
turba Alexandrīnōrum tōtam viam complet. in magnō perīculō 15
sumus.'

    postquam ad templum Augustī vēnimus, locum petīvimus, unde
pompam vidēre poterāmus.

    'locum optimum nōvimus, unde spectāculum vidēre solēmus',
inquit Galatēa. 'illinc pompam et nāvem sacram vidēre possumus. 20
servus nōbīs illum locum servat. Aristō! nōnne servum māne
ēmīsistī?'

    'ēheu!' Aristō sibi dīxit.

    ubi ad illum locum, quem Galatēa ēlēgerat, tandem pervēnimus,
Galatēa duōs iuvenēs cōnspexit. hī iuvenēs locum tenēbant, ubi 25
Galatēa stāre volēbat.

    'marīte!' exclāmāvit. 'ēmovē hōs iuvenēs! ubi est servus noster?
nōnne servum ēmīsistī?'

    'cārissima', respondit Aristō, quī anxius circumspectābat,
'melius est nōbīs locum novum quaerere. iste servus sānē neglegēns 30
erat.'

Galatēa tamen, quae iam īrātissima erat, Aristonem incitāvit. ille
igitur iuvenibus appropinquāvit et cōmiter locum poscēbat. uxor
tamen vehementer clāmāvit,

'iuvenēs! cēdite! nōlīte nōbīs obstāre!'   35

iuvenēs, quamquam rem graviter ferēbant, cessērunt. iuvenēs
Galatēam spectābant timidī, Helenam avidī.

subitō spectātōrēs pompam cōnspexērunt. statim multitūdō
spectātōrum clāmōrem sustulit.

'ecce pompa! ecce! dea Īsis!'   40

diēs fēstus *festival, holiday*
cōnfecta: cōnfectus *finished*
vēr *spring*
assiduē *continually*
castīgābat: castīgāre *scold*
tolle! *hold up!*
unde *from where*
illinc *from there*
sāne *obviously*
cōmiter *politely, courteously*
avidī: avidus *eager*

1 Why were the citizens happy?
2 What ceremony took place in Alexandria every year at this time?
3 What arrangement had Barbillus made for Quintus to see the
  ceremony? Why did Barbillus not go himself?
4 Why did Aristo say 'ēheu!' to himself (line 23)?
5 What did Galatea tell her husband to do, when she saw the young
  men? What did her husband suggest instead?
6 Why did the young men move?
7 How would you describe Galatea's behaviour in this story?

pompa

pompa adveniēbat. prō pompā currēbant multae puellae, quae
flōrēs in canistrīs ferēbant. puellae flōrēs spectātōribus dabant, et in
viam spargēbant. post multitūdinem puellārum tubicinēs et puerī
prōcēdēbant. puerī carmen dulce cantābant. tubicinēs tubās
īnflābant. nōs, quī pompam plānē vidēre poterāmus, assiduē 5
plaudēbāmus. Helena, ubi tot flōrēs vīdit sparsōs, Galatēae dīxit,
 'spectā illās rosās, quās fēminae in viam spargunt! rosās
pulchriōrēs quam illās numquam vīdī.'
 duo iuvenēs tamen, quōs Galatēa ē locō ēmōverat, pompam
vidēre vix poterant. 10
 'pompam vidēre nōn possum', inquit iuvenis. 'sed spectā illam
puellam! puellam pulchriōrem quam illam rārō vīdī.'
 Galatēa, simulatque hunc iuvenem audīvit, 'Helena! hūc venī!'
clāmāvit. 'stā prope mē! Aristō! cūr fīliam tuam in tantā
multitūdine nōn servās?' 15
 subitō omnēs tubicinēs tubās vehementer īnflābant. sonitus
tubārum mīrābilis erat.
 'ō mē miseram! ō caput meum!' clāmāvit Galatēa. 'audīte illōs
tubicinēs! audīte sonitum! quam raucus est sonitus tubārum!'
 'tubicinēs vix audīre possum', clāmāvit alter iuvenis. 'quam 20
raucae sunt vōcēs fēminārum Graecārum!'
 post turbam puerōrum tubicinumque vēnit dea ipsa. quattuor
sacerdōtēs effigiem deae in umerīs ferēbant.
 'spectā illam stolam croceam!' clāmāvit Galatēa. 'pulcherrima
est illa stola, pretiōsissima quoque. ēheu! vīlēs sunt omnēs stolae 25
meae, quod marītus avārus est.'
 subitō iuvenēs, quī effigiem vidēre nōn poterant, Galatēam
trūsērunt. iuvenis forte pedem Galatēae calcāvit. illa, postquam
valdē exclāmāvit, eum vituperāvit,
 'ō iuvenem īnsolentissimum! nōlī mē vexāre! nōn decōrum est 30
mātrōnam trūdere. num bēstia es?'
 Helena 'māter!' inquit, 'hic iuvenis tibi forte nocuit. spectātōrēs
nōs premunt, quod pompam vidēre cupiunt.'

Galatēa tamen fīliam castīgāvit, quod iuvenem dēfendēbat. tum
marītum quoque castīgāre coepit.   35
   'Aristō! cūr mē nōn servās? uxōrem fīliamque floccī nōn facis.
miserrima sum!'
   Aristō, postquam uxōrem lēnīvit, mihi dīxit,
   'ēheu! facile est mihi tragoediās scrībere. uxor mē vexat, fīlia
mātrem. tōta vīta mea est tragoedia.'   40

spargēbant: spargere *scatter*	sonitus *sound*
tubicinēs: tubicen *trumpeter*	raucus *harsh*
carmen *song*	vīlēs: vīlis *cheap*
dulce: dulcis *sweet*	trūsērunt: trūdere *push, shove*
īnflābant: īnflāre *blow*	calcāvit: calcāre *tread on*
plānē *clearly*	nocuit: nocēre *hurt*
sparsōs: sparsus *scattered*	premunt: premere *push*
rosās: rosa *rose*	lēnīvit: lēnīre *soothe, calm down*
rārō *rarely*	

About the language

1   You have now met the following forms of the Latin word for
'this' (plural 'these'):

	singular		*plural*	
	nominative	*accusative*	*nominative*	*accusative*
masculine	hic	hunc	hī	hōs
feminine	haec	hanc	hae	hās
neuter	hoc	hoc		

hic vir est Barbillus.	This man is Barbillus.
hanc gemmam invēnī.	I've found this jewel.
hae stolae sunt sordidae!	These dresses are dirty!
tibi **hōs** flōrēs trādō.	I hand these flowers to you.

2   Further examples:

   1 haec cēna est optima.
   2 operae hunc mercātōrem vexant.
   3 hoc templum prope forum est.
   4 hī servī sunt Aegyptiī.

nāvis sacra

sacerdōtēs, ubi ad portum pervēnērunt, effigiem deae Īsidis
dēposuērunt. in portū stābat nāvis, quae ōrnātissima erat. tōta
puppis erat aurāta. corōna rosārum dē mālō nāvis pendēbat. nūllī
tamen nautae in nāve erant.

    sacerdōtēs cum effigiē deae ad hanc nāvem prōcessērunt. deinde 5
pontifex ipse deae Īsidī precēs adhibēbat. cīvēs sacerdōtēsque rosās
in nāvem et in mare iēcērunt. tum nautae rudentēs solvere
coepērunt. ventus secundus nāvem in altum lentē impellēbat.
spectātōrēs iterum iterumque plaudēbant. clāmor spectātōrum
precēsque sacerdōtum aurēs nostrās implēbant. 10

    'nunc nāvis solūta est; nunc mare placidum. dea Īsis nōbīs favet.
dea cīvibus Alexandrīnīs favet.'

    sacerdōtēs, postquam nāvem sacram ita ēmīsērunt, effigiem deae
ad templum reportāvērunt. cīvēs per viās urbis laetī currēbant.

    ad vīllam Aristōnis lentē reveniēbāmus. Helena cum illīs 15
iuvenibus ambulābat, quōs Galatēa ē locō ēmōverat. hoc tamen
Galatēa nōn sēnsit, quod assiduē marītum castīgābat:

**Procession of priests and priestesses carrying sacred objects used in the
worship of Isis**

'in hāc urbe diūtius manēre nōlō. tū nihil facis, nihil cūrās. servum nōn ēmīsistī, quamquam tē saepe monuī. ēheu! cīvēs Alexandrīnī sunt bēstiae. fīliam nostram vexābant illī iuvenēs. 20 Helena ērubēscēbat; paene lacrimābat. cūr eam numquam servās? mihi semper necesse est fīliam nostram cūrāre.'

'ubi est Helena?' rogāvit Aristō.

'nōnne tēcum ambulābat?' respondit Galatēa. 'ēheu! illī iuvenēs columbam meam iterum agitant.' 25

'stultissima es, uxor!' respondit ille. 'columba iuvenēs agitat, nōn iuvenēs columbam.'

puppis *stern*
corōna *garland, wreath*
dē mālō *from the mast*
pendēbat: pendēre *hang*
pontifex *high priest*
precēs adhibēbat *offered prayers to*
iēcērunt: iacere *throw*
rudentēs: rudēns *cable, rope*
solvere *untie, cast off*
ventus *wind*
secundus *favourable, following*
in altum *towards the open sea*
impellēbat: impellere *carry*
implēbant: implēre *fill*
solūta: solūtus *untied, cast off*
placidum: placidus *calm, peaceful*
reportāvērunt: reportāre *carry back*
ērubēscēbat: ērubēscere *blush*

vēnātiō

Barbillus mē et Aristōnem ad vēnātiōnem invītāvit. māne vīlicum Phormiōnem cum multīs servīs ēmīsit. Phormiō sēcum duōs haedōs dūxit. sed, ubi ē vīllā discēdēbāmus, astrologus Barbillī commōtus ad nōs cucurrit.

'domine, quō festīnās?' clāmāvit. 'cūr ē vīllā hodiē exīre vīs?' 5

'ad praedium meum iter facimus', Barbillus astrologō respondit.

'sed, domine', inquit astrologus,'immemor es. perīculōsum est tibi hodiē ē vīllā exīre, quod hodiē sōl Arietī appropinquat.'

haedōs: haedus *kid, young goat*	praedium *estate*
astrologus *astrologer*	immemor *forgetful*
commōtus *alarmed, excited*	Arietī: Ariēs *the Ram (sign of the zodiac)*

ubi hoc audīvī, astrologum dērīsī. Barbillus, quamquam cī crēdēbat, mē offendere nōluit. postquam rem diū cōgitāvit, 10 astrologō dīxit, 'mihi placet exīre.'

astrologus igitur, ubi dominō persuādēre nōn potuit, amulētum, quod Chaldaeī fēcerant, eī dedit. tum sēcūrī ad praedium Barbillī contendimus. per partem praediī flūmen Nīlus lēniter fluēbat.

ubi illūc advēnimus, multōs servōs vīdimus collēctōs. in hāc 15 multitūdine servōrum erant nōnnūllī Aethiopes, quī hastās in manibus tenēbant. prope Aethiopas stābat Phormiō, vīlicus Barbillī.

Phormiō 'salvē, domine!' inquit. 'omnēs rēs tibi parāvimus. Aethiopes, quōs postulavistī, īnstrūctī et parātī sunt. tibi scaphās 20 quoque decem comparāvimus.'

'haedōs cecīdistis?' rogāvit Barbillus.

'duōs haedōs cecīdimus, domine', respondit vīlicus. 'eōs in scaphās iam posuimus.'

tum Phormiō nōs ad rīpam flūminis dūxit, ubi scaphae, quās 25 comparāverat, dēligātae erant. postquam scaphās cōnscendimus, ad palūdem, in quā crocodīlī latēbant, cautē nāvigāvimus. ubi palūdī appropinquāvimus, aqua līmōsior fiēbat, harundinēsque

offendere *displease*
persuādēre *persuade*
amulētum *amulet, lucky charm*
Chaldaeī *Chaldaeans*
flūmen Nīlus *river Nile*
lēniter *gently*
collēctōs: collēctus *assembled*
Aethiopes *Ethiopians*
īnstrūctī: īnstrūctus *drawn up*
scaphās: scapha *punt, small boat*
cecīdistis: caedere *kill*
rīpam: rīpa *bank*
dēligātae: dēligātus *tied up, moored*
palūdem: palūs *marsh, swamp*
crocodīlī: crocodīlus *crocodile*
līmōsior: līmōsus *muddy*
fiēbat *became*
harundinēs: harundō *reed*

dēnsiōrēs. postquam ad mediam palūdem nāvigāvimus, Barbillus
Phormiōnī signum dedit. haedōs Phormiō in aquam iniēcit. 30
crocodīlī, ubi haedōs caesōs cōnspexērunt, praecipitēs eōs petēbant.
sanguis haedōrum crocodīlōs trahēbat. tum Aethiopes crocodīlōs
agitāre coepērunt. hastās ēmittēbant et crocodīlōs interficiēbant.
magna erat fortitūdō crocodīlōrum, maior tamen perītia
Aethiopum. mox multī crocodīlī mortuī erant. 35

subitō ingentem clāmōrem audīvimus.

'domine!' clāmāvit Phormiō. 'hippopotamus, quem Aethiopes ē
palūde excitāvērunt, scapham Barbillī ēvertit. Barbillum et trēs
servōs in aquam dēiēcit.'

quamquam ad Barbillum et ad servōs, quī in aquā natābant, 40
celeriter nāvigāvimus, crocodīlī iam eōs circumvēnerant. hastās in
crocodīlōs statim ēmīsimus. ubi crocodīlōs dēpulimus, Barbillum et
ūnum servum servāre potuimus. sed postquam Barbillum ex aquā
trāximus, eum invēnimus vulnerātum. hasta, quam servus
ēmīserat, umerum Barbillī percusserat. Barbillus ā servō suō 45
graviter vulnerātus erat.

iniēcit: inicere *throw in*	hippopotamus *hippopotamus*
praecipitēs: praeceps *headlong*	ēvertit: ēvertere *overturn*
fortitūdō *courage*	dēpulimus: dēpellere *drive off*
perītia *skill*	ā servō suō *by his own slave*

About the language

1 In each of the following sentences, one or more people are being
   told to do something:

   māter! **spectā** nāvem!   Mother! Look at the ship!
   māter! pater! **spectāte** nāvem! Mother! Father! Look at the ship!

   Helena! **venī** ad mē!   Helena! Come to me!
   servī! **venīte** ad mē!   Slaves! Come to me!

The form of the verb in heavy print is known as the *imperative* If only
one person is being told to do something, the *imperative singular* is
used; if more than one person, the *imperative plural* is used.

2 Compare the imperative forms with the infinitive:

	infinitive	*imperative*	
		singular	*plural*
first conjugation	portāre	porta!	portāte!
	to carry	carry!	carry!
second conjugation	docēre	docē!	docēte!
	to teach	teach!	teach!
third conjugation	trahere	trahe!	trahite!
	to drag	drag!	drag!
fourth conjugation	audīre	audī!	audīte!
	to listen	listen!	listen!

3 Translate the following examples:

   festīnā!   respondē!   labōrāte!   curre!
   date mihi pecūniam!   sedē!

   In each example, is the order being given to one person only, or
   to more than one?

4 Notice the way in which people are ordered *not* to do things:

singular:	nōlī currere!	don't run!
	nōlī cantāre!	don't sing!
plural:	nōlīte festīnāre!	don't hurry!
	nōlīte trūdere!	don't push!

5 Translate the following examples:

tacēte!   labōrā!   tacē!   currite!

nōlī dormīre!   nōlīte pugnāre!

In each example, is the order being given to one person only, or to more than one?

Practising the language

1 Complete each sentence with the right word and then translate.

1 astrologus, ubi dē vēnātiōne audīvit, Barbillō amulētum
. . . . .(dedit, dedērunt)
2 Barbillus et amīcus ad praedium, quod situm erat prope
Nīlum, ...(contendit, contendērunt)
3 Aethiopes, quī hastās tenēbant, Barbillum . . . . . .
(exspectābat, exspectābant)
4 multī servī, quōs vīlicus collēgerat, in ōrdinibus longīs . . . . . .
(stābat, stābant)
5 ubi Barbillus Aethiopas servōsque īnspexit, omnēs ad rīpam
Nīlī iter . . . . . . (fēcit, fēcērunt)

situm: situs *situated*

2 This exercise is based on the story 'diēs fēstus' on page 48. Read
the story again. Complete each of the sentences below with one
of the following groups of words and then translate. Use each
group of words once only.

postquam ad illum locum pervēnērunt
quod pompam vidēre volēbat
simulac prīmus diēs vēris advēnit
postquam marītum vituperāvit
quamquam Galatēa eum saepe monuit
quod valdē īrāta erat

1 sacerdōtēs . . . . . deam Īsidem ad portum ferre solēbant.
2 Galatēa Aristōnem iussit servum mānc ēmittere et locum
servāre . . . . . .
3 sed Aristō . . . . . servum nōn ēmīsit.
4 Aristō et Galatēa . . . . . duōs iuvenēs ibi cōnspexērunt.
5 Galatēa marītum vituperāre coepit . . . . . .
6 Galatēa . . . . . iuvenēs ēmōvit.

3 With the help of the table of nouns on pages 94–5 in the Language Information section, complete the sentences of this exercise with the right form of each unfinished word, and then translate. For example:

mercātor in viā stābat. amīcī mercātōr. . . salūtāvērunt.
mercātor in viā stābat. amīcī mercātōrem salūtāvērunt.
A merchant was standing in the street. The friends greeted the merchant.

1 puella stolam habēbat. stola puell. . . erat splendidissima.
2 servus leō. . . in silvā vīdit. leō dormiēbat.
3 puellae tabernam intrāvērunt. mercātor puell. . . multās stolās ostendit.
4 cīvēs rēgem laudāvērunt, quod rēx cīv. . . magnum spectāculum dederat.
5 serv. . ., quod dominum timēbant, fūgērunt.
6 mercātōrēs gemmās vēndēbant. gemmae mercātōr. . . Clēmentem dēlectāvērunt.
7 rēx mēcum cēnābat. ego rē. . . pōculum vīnī obtulī.
8 multī cīvēs in casīs habitābant. casae cīv. . . erant sordidae.
9 servī dīligenter labōrāvērunt. serv. . . igitur praemium dedī.
10 puer perterritus ad templum cucurrit et iānuam templ. . . pulsāvit.
11 rē. . ., quī in aulā sedēbat, tubam audīvit.
12 Salvius puer. . ., quī amphorās portābant, vehementer vituperāvit.

About the language

1   In each of the following sentences, somebody is being spoken to:

Aristō! quam stultus es!   Aristo! How stupid you are!
quid accidit, **Barbille**?   What happened, Barbillus?
contendite, **amīcī**!   Hurry, friends!
cūr rīdētis, **cīvēs**?   Why are you laughing, citizens?

The words in heavy print are in the *vocative* case. If only one person is spoken to, the *vocative singular* is used; if more than one person, the *vocative plural* is used.

2   Compare the nominative singular and vocative singular of second declension nouns like 'servus' and 'Salvius':

nominative	*vocative*
servus labōrat.	cūr labōrās, **serve**?
amīcus gladium habet.	dā mihi gladium, **amīce**!
Eutychus est in viā.	ubi sunt operae, **Eutyche**?
fīlius currit.	cūr curris, **fīlī**?
Salvius est īrātus.	quid accidit, **Salvī**?
Holcōnius in lectō recumbit.	**Holcōnī**! surge!

3   In all other nouns, the vocative singular has the same form as the nominative singular:

nominative	*vocative*
iuvenis clāmat.	tacē, **iuvenis**!
Helena cibum cōnsūmit.	placetne tibi, **Helena**?

4   The vocative plural always has the same form as the nominative plural:

nominative	*vocative*
custōdēs dormiunt.	vōs semper dormītis, **custōdēs**.
puerī in forō stant.	ubi est theātrum, **puerī**?

**A sacrifice outside the temple of Isis
(based on a wall-painting at Pompeii)**

The worship of Isis

Isis was one of Egypt's oldest and most important goddesses. According to the Egyptians, she had loved and married the god Osiris who appeared on earth in the form of a man. However, Osiris was murdered; his body was cut up and the pieces were scattered throughout the world. Overcome with grief, Isis set out on a search for the pieces of her husband's corpse. When at last she had found them all, a miracle took place: the dead Osiris was given new life and became the father of the child Horus. The Egyptians worshipped Isis for her power to give new life; they believed that just as she had given new life to Osiris, she was also responsible for the new life which appeared in springtime, or which followed the annual flooding of the Nile waters. They believed also that she offered a hope of life after death for those who became her followers.

One of the most important festivals of Isis was held at the beginning of spring. It took place on 5 March each year, when the sailing season opened and the large grain ships could once again set off safely across the Mediterranean to Rome. A statue of Isis was carried in procession down to the Great Harbour.

At the front of the procession came the dancers and musicians playing pipes, trumpets and castanets. Female attendants scattered roses in the roadway and over the tightly packed crowd. The statue of Isis was carried high on the shoulders of her priests, so that everyone could get a glimpse of the goddess and her splendid robe. Next came more priests and more trumpeters and finally the high priest, wearing garlands of roses and shaking a sacred rattle known as a 'sistrum' (like one of these).

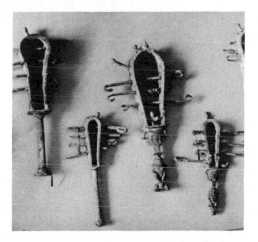

At the harbour, a special newly built ship was moored. Its stern was shaped like a goose's neck and covered with gold plate. First the high priest dedicated the ship to Isis and offered prayers; then the priests and people loaded it with gifts of spices and flowers; finally the mooring-ropes were unfastened and the wind carried the ship out to sea.

After the ceremony at the harbour, the statue of Isis was taken back to the temple. The spectators crowded into the open area in front of the temple, and the priests replaced the statue in the 'cella' or sanctuary. Then a priest on a raised platform read to the people from a sacred book, and recited prayers for the safety of the Roman people and their emperor, and for sailors and ships.

The festival was noisy, colourful and spectacular. Everybody was on holiday, and although the religious ceremony was serious, it was also good entertainment. When the ceremony was over, the Alexandrians continued to enjoy themselves in a lively and high-spirited way. Their behaviour was sometimes criticised, for example by the writer Philo who attacked them in these words: 'They give themselves up to heavy drinking, noisy music, amusements, feasting, luxury and rowdy behaviour, eager for what is shameful and neglecting what is decent. They wake by night and sleep by day, turning the laws of nature upside down.'

But in spite of these words of Philo, a festival of Isis was not just an excuse for a holiday. The worship of the goddess was taken seriously by many Egyptians, who went regularly to her temple, prayed to her statue and made offerings. Some of them, like Clemens in Stage 18, went further and became 'Īsiacī' or members of the special brotherhood of Isis; this involved a long period of preparation leading up to a secret initiation ceremony in the temple.

Those who wished to join the brotherhood of Isis had to begin with an act of repentance for the sins they had committed in the past; for example, they might offer a sacrifice, or fast from food, or go on a pilgrimage. The poet Juvenal mockingly describes the behaviour of a Roman woman cleansing herself of her previous sins in the following unpleasant manner: 'On a winter morning she'll break the ice, lower herself into the river Tiber, and duck her head three times under the swirling waters. Then out she'll crawl, naked and trembling, and creep on bleeding knees across the Campus Martius.'

In a Latin novel known as *The Golden Ass*, the chief character becomes a follower of Isis. He explains to his readers how he prepared to be admitted to the brotherhood. First his body was washed by the priests in a ceremony of baptism; next he was instructed about the sacred mysteries of the goddess, and forbidden to reveal them to anyone outside the brotherhood; then he fasted from food for ten days; and finally he underwent the initiation ceremony in the temple.

This was a ceremony of mystery and magic, full of strange and emotional experiences for the worshippers: those who were initiated believed that they had personally met Isis and that by dedicating themselves as her followers they could hope for life after death. But

Statue of Isis with sistrum and water jug

the exact details of the ceremony were kept strictly secret, as the narrator of *The Golden Ass* explains: 'If you are interested in my story, you may want to know what was said and done in the temple. I would tell you if I was allowed to tell, you would learn if you were allowed to hear; but your ears and my tongue would suffer for your foolish curiosity.'

The worship of Isis spread from Alexandria across the ancient world. Temples to Isis have been found in places as far apart as London and the Black Sea area. A group of priests serving in a temple of Isis at Pompeii suffered a miserable death when the city was destroyed in the eruption of Vesuvius. They collected the sacred objects and treasures, and fled from the temple, but by then it was too late. Their bodies were found along the route of their flight across the city, each corpse surrounded by the valuables he had tried to save. The food shown in the picture on page 10 of Stage 2 was found in the temple.

Words and phrases checklist

amō, amāre, amāvī – love, like
caedō, caedere, cecīdī – kill
cārus, cāra, cārum – dear
castīgō, castīgāre, castīgāvī – scold
cautē – cautiously
cōgitō, cōgitāre, cōgitāvī – think, consider
comparō, comparāre, comparāvī – obtain
cōnficiō, cōnficere, cōnfēcī – finish
cūrō, cūrāre, cūrāvī – look after
dē – from, down from
dēfendō, dēfendere, dēfendī – defend
dulcis – sweet
fīlia, fīliae – daughter
fluō, fluere, flūxī – flow
forte – by chance
grātiās agō – I thank, give thanks
illūc – there, to that place
iter, itineris – journey
locus, locī – place
māne – in the morning
neglegēns, *gen.* neglegentis – careless
nōvī – I know
perīculum, perīculī – danger
plūrimus, plūrima, plūrimum – very much
  plūrimī – very many
pompa, pompae – procession
poscō, poscere, poposcī – demand, ask for
sonitus, sonitūs – sound
stola, stolae – dress
tot – so many
umerus, umerī – shoulder
vexō, vexāre, vexāvī – annoy
vīvō, vīvere, vīxī – live
vix – hardly, scarcely
vōx, vōcis – voice

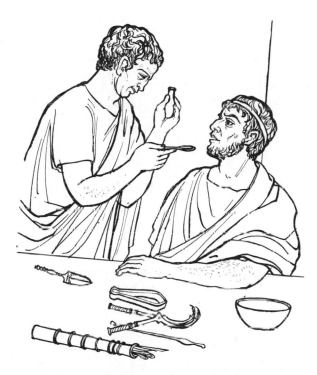

medicus

servī ad vīllam revēnērunt,
Barbillum portantēs.

ancillae prope lectum
stābant, lacrimantēs.

astrologus in cubiculum
irrūpit, clāmāns.

Barbillus, in lectō recumbēns,
astrologum audīvit.

Phormiō ad urbem contendit,
medicum quaerēns.

remedium astrologī

quattuor servī Barbillum exanimātum ad vīllam portāvērunt. multus sanguis ex vulnere effluēbat. Phormiō, quī servōs vulnerātōs sānāre solēbat, tunicam suam sciderat; partem tunicae circum umerum Barbillī dēligāverat. fluēbat tamen sanguis.

servī, quī Barbillum portābant, ubi cubiculum intrāvērunt, in 5 lectum eum lēniter posuērunt. duae ancillae prope lectum stābant lacrimantēs. Phormiō ancillās ē cubiculō ēmīsit et servōs ad sē vocāvit.

'necesse est vōbīs', inquit 'arāneās quaerere. magnum numerum arāneārum accipere volō. ubi sanguis effluit, nihil melius est quam 10 arāneae.'

servī per tōtam vīllam contendēbant, arāneās quaerentēs; magnum clāmōrem tollēbant. Phormiō, postquam servī multās arāneās ad cubiculum tulērunt, in umerum dominī eās collocāvit.

astrologus ancillās lacrimantēs vīdit, servōsque clāmantēs 15 audīvit. statim in cubiculum Barbillī irrūpit, exclāmāns:

'nōnne hoc prōvīdī? ō nefāstum diem! ō dominum înfēlīcem!'

'habēsne remedium?' rogāvī anxius.

'remedium certum habeō', respondit astrologus. 'facile est mihi Barbillum sānāre, quod nōs astrologī sumus vērī medicī. remedium 20 igitur Barbillō comparāre possum. est remedium, quod Chaldaeī nōbīs trādidērunt. prīmō necesse est mihi mūrem nigrum capere. deinde mūrem captum dissecāre volō. postrēmō eum in umerum

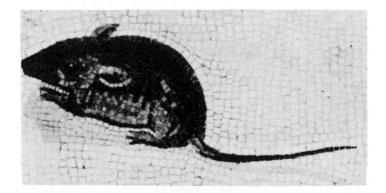

Barbillī pōnere volō. hoc sōlum remedium est.'

    subitō, Barbillus, quī astrologum audīverat, oculōs aperuit. 25
postquam mihi signum languidum dedit, in aurem meam
susurrāvit,

    'quaere Petrōnem, medicum bonum!'

    Phormiōnem, quī Petrōnem bene nōverat, ē vīllā statim ēmīsī.
itaque vīlicus medicum quaerēbat, astrologus mūrem.   30

remedium *cure*	prōvīdī: prōvidēre *foresee*
vulnere: vulnus *wound*	nefāstum: nefāstus *dreadful*
effluēbat: effluere *pour out, flow out*	certum: certus *certain, infallible*
sānāre *heal, cure*	vērī: vērus *true, real*
sciderat: scindere *tear up*	medicī: medicus *doctor*
dēligāverat: dēligāre *bind, tie*	mūrem: mūs *mouse*
lectum: lectus *bed*	nigrum : niger *black*
arāneās: arānea *spider's web*	captum: captus *captured, caught*
numerum: numerus *number*	dissecāre *cut up*
tollēbant: tollere *raise*	languidum: languidus *weak, feeble*
collocāvit: collocāre *place*	

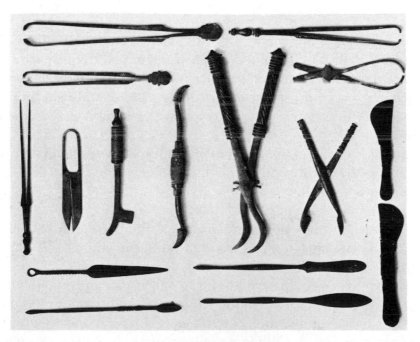

Medical instruments

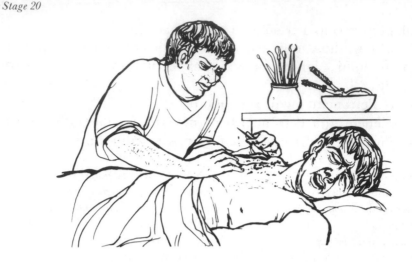

Petrō

Petrō, postquam dē vulnere Barbillī audīvit, statim ad vīllam eius festīnāvit. ubi cubiculum intrāvit, astrologum vīdit, quī Barbillum sānāre temptābat. astrologus mūrem dissectum in vulnus dominī collocābat, versum magicum recitāns. Petrō, simulac mūrem cōnspexit, īrātissimus erat; astrologum verberāvit et ē cubiculō 5 expulit.

tum Petrō, postquam umerum Barbillī īnspexit, spongiam cēpit et in acētō summersit. eam in vulnus collocāvit. Barbillus exanimātus reccidit.

Petrō ad mē sē vertit.   10

'necesse est tibi mē adiuvāre', inquit. 'difficile est mihi Barbillum sānāre. dē vītā eius dēspērō, quod tam multus sanguis etiam nunc effluit.'

itaque medicō auxilium dedī. Petrō, postquam aquam ferventem postulāvit, manūs forcipemque dīligenter lāvit. deinde, forcipem 15 firmē tenēns, vulnus cum summā cūrā īnspexit. postquam hoc cōnfēcit, umerum Barbillī lāvit; cutem, quam hasta servī secuerat, perītē cōnseruit. dēnique fasciam lātam cēpit, umerumque firmē dēligāvit.

mē ita monuit Petrō: 20

'nunc necesse est Barbillō in hōc lectō manēre; necesse est eī quiēscere et dormīre. nātūra sōla eum sānāre potest, nōn astrologus.'

Petrōnī grātiās maximās ēgī. apud Barbillum diū manēbam, negōtium eius administrāns. Barbillus enim mihi sōlī cōnfīdēbat. 25 cotīdiē ad cubiculum, ubi iacēbat aeger, veniēbam. multōs sermōnēs cum Barbillō habēbam, prope lectum sedēns. postquam Barbillum familiārissimē cognōvī, ille mihi dē vītā suā multum nārrāvit. sine dubiō fortūna eum graviter afflīxerat.

eius *his*
dissectum: dissectus *cut up, dismembered*
versum magicum: versus magicus *magic spell*
spongiam: spongia *sponge*
acētō: acētum *vinegar*
summersit: summergere *dip*
reccidit: recidere *fall back*
ferventem: fervēns *boiling*
forcipem: forceps *doctors' tongs, forceps*
firmē *firmly*
cutem: cutis *skin*
perītē *skilfully*
cōnseruit: cōnserere *stitch*
fasciam: fascia *bandage*
lātam: lātus *wide*
monuit: monēre *advise*
quiēscere *rest*
nātūra *nature*
familiārissimē: familiāriter *closely, intimately*
afflīxerat: afflīgere *afflict, hurt*

About the language

1 Study the following sentences:

medicus, per forum **ambulāns**, Phormiōnem cōnspexit.
The doctor, **walking** through the forum, caught sight of Phormio.

in mediā viā stābat Eutychus, **rīdēns**.
In the middle of the street stood Eutychus, **laughing**.

servī, Barbillum **portantēs**, vīllam intrāvērunt.
The slaves, **carrying** Barbillus, entered the house.

amīcī, in tabernā **dormientēs**, clāmōrem nōn audīvērunt.
The friends, **sleeping** in the inn, didn't hear the noise.

The words in heavy print are *present participles*.

2 A present participle is used to describe a noun. For example, in the first sentence, 'ambulāns' describes the doctor.

3 Translate the following examples:

1 astrologus in cubiculum irrūpit, lacrimāns.
2 puerī, per urbem currentēs, Petrōnem cōnspexērunt.
3 sacerdōtēs, solemniter cantantēs, ad āram prōcessērunt.
4 Galatēa, in locō optimō stāns, pompam vidēre poterat.

Pick out the present participle in each sentence and find the noun which it describes.

4 A present participle changes its ending to agree with the noun it describes. For example:

singular: Phormiō exiit, **clāmāns**. Phormio went out, shouting.
plural: iuvenēs exiērunt, The young men went out,
clāmantēs. shouting.

5 Translate the following examples and pick out the present participle in each sentence:

1 fūr ē vīllā effūgit, cachinnāns.
2 mīlitēs, prō templō sedentēs, rēgem spectābant.
3 Eutychus, in lectō recumbēns, Clēmentem salūtāvit.
4 gladiātōrēs, in arēnā pugnantēs, nūbem mīrābilem vīdērunt.

Find the noun which each present participle is describing, and say whether each noun-and-participle pair is singular or plural.

6 A present participle is part of a verb. For example, 'portantēs' ('carrying') is part of the verb 'portāre' ('to carry'); 'dormientēs' ('sleeping') is part of the verb 'dormīre' ('to sleep').

fortūna crūdēlis

Barbillus uxōrem fidēlem fīliumque optimum habēbat. Plōtīna, uxor Barbillī, erat fēmina placida, quae domī manēbat contenta. Rūfus, fīlius Barbillī et Plōtīnae, erat iuvenis impiger. ad palaestram cum amīcīs saepe adībat; in dēsertīs equitāre solēbat, bēstiās ferōcissimās agitāns. aliquandō, sīcut aliī iuvenēs, 5 contentiōnēs cum parentibus habēbat. sed parentēs Rūfī eum maximē amābant, et ille eōs.

inter amīcōs Rūfī erat iuvenis Athēniēnsis, Eupor. hic Eupor ad urbem Alexandrīam vēnerat et medicīnae studēbat. saepissimē domum Barbillī vīsitābat. tandem ad urbem Athēnās rediit, ubi 10 artem medicīnae exercēbat. Eupor mox epistulam scrīpsit, in quā Rūfum parentēsque ad nūptiās suās invītāvit. Rūfus ad Graeciam īre valdē cupiēbat, sed Barbillus nāvigāre timēbat, quod hiems iam appropinquābat. astrologum suum igitur arcessīvit, et sententiam eius rogāvit. astrologus, postquam diū cōgitāvit, Rūfō 15 parentibusque respōnsum dedit.

'rem perīculōsam suscipitis. lūna Scorpiōnem iam intrat. tūtius est vōbīs domī manēre.'

Barbillus et uxor astrologō, quī erat vir doctissimus, libenter crēdidērunt, sed Rūfus rem graviter ferēbat. ubi Barbillus aberat, 20 Rūfus saepe ad mātrem ībat, patrem dēplōrāns:

domī *at home*
impiger *lively, energetic*
aliquandō *sometimes*
Athēniēnsis *Athenian*
medicīnae: medicīna *medicine*
studēbat: studēre *study*
artem: ars *art*
nūptiās: nūptiae *wedding*
respōnsum *answer*
Scorpiōnem: Scorpiō *the Scorpion (sign of the zodiac)*
tūtius est *it would be safer*

'pater stultissimus est, quod astrologō crēdit. astrologī nōn sunt nautae. nihil dē arte nāvigandī sciunt.'

itaque Rūfus Plōtīnae persuāsit, sed patrī persuādēre nōn poterat. Barbillus obstinātus nāvigāre nōluit. Rūfus igitur et Plōtīna 25 Barbillum domī relīquērunt, et ad Graeciam nāvigābant. ubi tamen nāvis, quae eōs vehēbat, Graeciae appropinquābat, ingēns tempestās eam obruit. Rūfus ad lītus natāre poterat, sed Plōtīna, quam Barbillus valdē amābat, in magnīs undīs periit.

ubi Barbillus dē naufragiō, in quō uxor perierat, audīvit, maximē 30 commōtus erat. fīlium iterum vidēre nōlēbat. Rūfus, quamquam domum redīre volēbat, patrī pārēbat. in Graeciā diū manēbat; sed tandem iter ad Britanniam fēcit, ubi in exercitū Rōmānō mīlitāvit.

nāvigandī *of sailing*
vehēbat: vehere *carry*
tempestās *storm*
obruit: obruere *overwhelm*
commōtus *upset, distressed*
pārēbat: pārēre *obey*
exercitū: exercitus *army*

astrologus victor

astrologus, quī in vīllā Barbillī habitābat, erat vir ingeniī prāvī. astrologus et Petrō inimīcī erant. astrologus Syrius, medicus Graecus erat. Petrō artem medicīnae in urbe diū exercuerat. multī Alexandrīnī, quōs Petrō sānāverat, artem eius laudābant.

astrologus tamen in vīllā Barbillī habitābat, Petrō in urbe 5 Alexandrīā. facile igitur erat astrologō Barbillum vīsitāre. ad cubiculum, in quō dominus aeger iacēbat, saepe veniēbat. ubi Petrō aberat, astrologus in aurem dominī dīcēbat,

'in perīculō maximō es, domine. Petrō medicus pessimus est. paucōs sānāvit. multōs aegrōs ad mortem mīsit. num Petrōnī 10 cōnfīdis? Petrō est vir avārissimus, nēmō est avārior quam ille. pecūniam tuam cupit. necesse est tibi eum ē vīllā expellere.'

Barbillus astrologum anxius audīvit. sed, quamquam dolor cotīdiē ingravēscēbat, medicō etiam crēdēbat. ubi medicum expellere Barbillus nōlēbat, astrologus cōnsilium cēpit. in cubiculum 15 dominī māne irrūpit, clāmāns:

'domine! tibi nūntium optimum ferō. tē sānāre possum! dea Īsis, quae precēs meās semper audit, noctū somnium ad mē mīsit. in somniō per viās urbis Alexandrīae ambulābam. subitō puerum vīdī in triviīs stantem. puer erat servus tuus, quem Aegyptiī in tumultū 20 necāvērunt. mihi dē medicāmentō exquīsītissimō nārrāvit.'

Barbillus, ubi hoc audīvit, astrologō sē tōtum trādidit. ille igitur, postquam medicāmentum composuit, umerum dominī aperuit et ūnxit. sed medicāmentum astrologī pessimum erat. ingravēscēbat vulnus Barbillī. 25

astrologus, ubi hoc sēnsit, ē vīllā fūgit perterritus. Barbillus, dē vītā suā dēspērāns, mē ad cubiculum arcessīvit.

'mī Quīnte', inquit, in aurem susurrāns, 'nōlī lacrimāre! moritūrus sum. id plānē intellegō. necesse est omnibus mortem obīre. hoc ūnum ā tē postulō. fīlium meum in Britanniā quaere! 30 refer eī hanc epistulam! ubi Rūfum ē vīllā expulī īrātus, eī magnam iniūriam intulī. nunc tandem veniam ā Rūfō petō.'

ubi hoc audīvī, Petrōnem arcessere volēbam, sed Barbillus obstinātus recūsābat. arcessīvī tamen illum. sed ubi advēnit, Barbillus iam mortuus erat.   35

vir ingeniī prāvī *a man of evil character*
dolor *pain*
ingravēscēbat: ingravēscere *grow worse*
etiam *also*
noctū *by night*
somnium *dream*
medicāmentō: medicāmentum *ointment*
exquīsītissimō: exquīsītus *special*

composuit: compōnere *put together, mix, make up*
ūnxit: unguere *anoint, smear*
obīre *meet*
refer: referre *carry, deliver*
iniūriam intulī: iniūriam īnferre *do an injustice to, bring injury to*

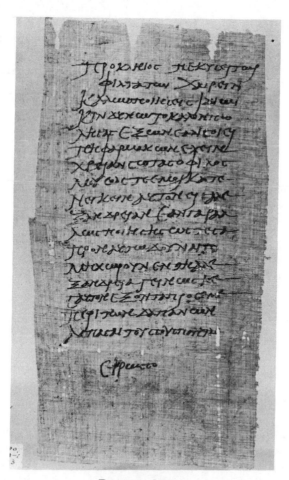

Papyrus letter

About the language

1   You have now met various forms of the Latin word for 'him', 'her', 'them', etc.:

	singular			*plural*	
	accusative	*genitive*	*dative*	*accusative*	*dative*
masculine	eum ⎫	eius	eī	eōs ⎫	eīs
feminine	eam ⎭			eās ⎭	

Clēmēns officīnam intrāvit. Eutychus **eum** salūtāvit.
Clemens entered the workshop. Eutychus greeted him.

servī ingentēs erant. Clēmēns tamen **eōs** neglēxit.
The slaves were huge. However, Clemens ignored them.

Barbillus mē ad cēnam invītāvit. ego ad vīllam **eius** contendī.
Barbillus invited me to dinner. I hurried to his house.

operae celeriter convēnērunt. Eutychus **eīs** fūstēs trādidit.
The thugs assembled quickly. Eutychus handed out clubs to them.

2   Further examples:

1   Barbillus in cubiculō iacēbat. Quīntus eī vīnum dedit.
2   Galatēa marītum castīgābat. tōta turba eam audīvit.
3   puellae suāviter cantābant. Aristō eās laudāvit.
4   ubi Petrō advēnit, Phormiō eum ad cubiculum dūxit.

Practising the language

1 Translate into English:

Aristō: Galatēa! fortūna nōbīs favet! iuvenis Narcissus, quem heri vīdimus, Helenae dōnum mīsit. dōnum, quod iuvenis mīsit, pretiōsissimum est. dōnum mihi quoque mīsit. iuvenis Narcissus Helenam nostram amat.

Galatēa: quid dīcis, asine? iuvenis, quī prope nōs stābat, fīliae 5 nostrae dōnum mīsit? ēheu! marītum habeō, quī nihil intellegit. Narcissus humilis est. māter Narcissī est Aegyptia.

Aristō: fēminam, quam vituperās, nōn nōvī. sed Narcissum bene nōvī. iuvenis optimus est, quem omnēs laudant. 10

Galatēa: sed pater Narcissī est caupō. taberna, quam tenet, sordida est. vīnum, quod vēndit, pessimum est.

Aristō: tabernam patris nōn floccī faciō. Narcissus ipse probus et benignus est. iuvenis etiam līberālis est. dōnum, quod mihi mīsit, libellus est. (*Aristō libellum* 15 *īnspicere incipit.*) ēheu! Narcissus poēta est. suōs versūs scurrīlēs mihi mīsit.

Galatēa: fortūna nōbīs favet! nunc marītus meus illī iuvenī Helenam dare nōn vult.

humilis *low-born, of low class*
libellus *little book*
incipit: incipere *begin*

2 Study the following document, and then answer the questions.

testāmentum Tiberiī Claudiī Barbillī

ego Tiberium Claudium Rufum heredem meum facio, si Rufus,
filius meus, mortuus est, ego Quintum Caecilium Iucundum
heredem meum facio : do, lego Quinto Caecilio Iucundo, amico
meo, praedium meum, quod prope Nilum situm est.

    Marcum et Philadelphum, servos meos, libero, quod mihi
fideliter servierunt. do, lego Marco viginti aureos, Philadelpho quindecim.
Annam, quae ornatrix uxoris meae erat, libero, quod uxori meae bene
serviebat. ceteris servis, qui in villa mea plus quam quinque annos
habitaverunt, novas tunicas do.

    do, lego Helenae, filiae Aristonis et Galateae, gemmas quas
a mercatore Arabi emi. Aristoni, patri Helenae, tragoedias
quas ipse mihi scripsit reddo. Aristo amicus optimus, poeta pessimus est.

    Phormioni, vilico meo, qui me adiuvit, postquam iste servus
me vulneravit, libertatem do. Petroni medico, qui me sanare temptavit,
quingentos aureos lego. Petro medicus optimus est, ego vir stultissimus.
scelesto astrologo, qui mihi mortem intulit, neque libertatem neque
quidquam aliud do. necesse est Quinto, amico meo, eum punire.

    mando Quinto Caecilio Iucundo curam funeris mei. Quintum iubeo
monumentum mihi ponere.

Tiberius Claudius Barbillus  signavit.

signatores **C. Longinus Aquila**   Q. Mucius Augustalis

Iulius Philoxenos   L. Pullius Verecundus

C. Longinus Castor   T. Vibius Zosimus

Iulius Gemellus veteranus

testāmentum *will*
hērēdem: hērēs *heir*
sī *if*
dō, lēgō *I give and bequeath*
fidēliter *faithfully*
serviērunt: servīre *serve (as a slave)*
plūs *more*
quīngentōs: quīngentī *five hundred*

mortem intulit: mortem īnferre *bring death upon*
quidquam aliud *anything else*
mandō: mandāre *entrust*
fūneris: fūnus *funeral*
signāvit: signāre *sign, seal*
signātōrēs: signātor *witness*

1 Who is Barbillus' heir?
2 What is to happen if the heir chosen by Barbillus is dead?
3 What legacy does Barbillus leave to Quintus?
4 What instructions does Barbillus give about his slaves?
5 What does Barbillus leave to Helena?
6 What does he leave to Aristo? What is Barbillus' opinion of Aristo?
7 Barbillus mentions three people besides Quintus who attended to him when he was ill. What does he give to each of them?
8 In his will, Barbillus asks Quintus to do three things. What are they?
9 Judging from this will, what sort of person do you think Barbillus was?
10 Barbillus leaves nothing to Aristo's wife. Suggest possible reasons for this.

Medicine and science

Soon after its foundation, Alexandria became famous as a centre of science and learning. The Museum and its Library, which were set up and financed by the Greek rulers of Egypt, attracted clever men from all over the Greek world, who quickly began to make discoveries in all the sciences, including medicine. A good beginning had already been made in medicine by the Greek, Hippocrates, who had attempted to remove magic and superstition from the treatment of disease by observing his patients' symptoms carefully and trying to discover their causes. Hippocrates, who lived in the island of Cos in the fifth century B.C., was rightly regarded as the founder of medical science. He and his followers pledged themselves to high standards of conduct in a famous oath known as the Hippocratic oath. Part of it reads as follows:

'Into whatever houses I enter, I will go into them for the benefit of the sick, and will abstain from every voluntary act of mischief and corruption. Whatever in my professional practice I see or hear, which ought not to be spoken abroad, I will not divulge.'

But Hippocrates and his Greek followers usually investigated only the surface of the body and not its interior; this was because the Greeks felt the idea of dissecting a body was disagreeable and perhaps wicked. The Egyptians, however, with their ancient custom of mummifying corpses, had a somewhat different attitude to the body, and dissections of corpses were frequently performed by Egyptian doctors. Alexandria was therefore a good place for studying anatomy. Herophilus, the most famous Alexandrian anatomist, gave a detailed description of the brain, explained the differences between tendons and nerves, arteries and veins, and described the optic nerve and the eye, including the retina. He also measured the frequency of the pulse and used this to diagnose fever. Like earlier doctors, he laid great stress on the importance of hygiene, diet, exercise and bathing.

In addition to general advice of this kind, an experienced doctor of the first century A.D. would treat minor ailments with drugs, only

A reconstruction of the Great Hall of the ancient Library of Alexandria

some of which would be effective. The juice of the wild poppy, which contains opium, was used to relieve pain. Unwashed sheep's wool, containing lanolin, was often applied to wounds and swellings to soothe the irritation. Many prescriptions, however, would have been useless. For example, one account of the treatment of chilblains begins: 'In the first place the chilblains are to be fomented thoroughly with boiled turnips . . .' Any benefit felt by the patient would be due not to the turnips, but to the heat of the fomentation or the patient's own belief that the treatment would do him good.

Some prescriptions are rather alarming, such as this for severe toothache: 'When a tooth decays, there is no great need to remove it, but if the pain compels its removal, a peppercorn or an ivy berry should be inserted into the cavity of the tooth, which will then split and fall out in bits.'

Minor surgery was regularly practised: 'Tonsils are covered by a thin layer of skin. If they become hardened after inflammation, they should be scratched round with a finger and drawn out. If they cannot be drawn out in this way they should be gripped with a hook and cut out with a scalpel. The hollow should then be swilled out with vinegar and the wound smeared with something to check the blood.'

Fractures and wounds presented greater problems. Nevertheless, doctors were able to make incisions, tie veins and arteries, reset broken bones with splints, and stitch up wounds. Difficult or very delicate operations were sometimes attempted, such as operations on the eye to relieve cataracts. Amputation of limbs was undertaken as a last resort.

Like Petro in the story on page 72, Greek doctors insisted on high standards of cleanliness in operations, to reduce the risk of infection. Although the quality of medical treatment in the ancient world would naturally vary considerably from one doctor to another, it is probably true that the standards of the best doctors were not improved upon in western Europe until about a hundred years ago.

The Museum was also famous for the study of mathematics. Euclid, who worked at Alexandria in the third century B.C., wrote a book known as the *Elements*, in which he summarised all previous knowledge of geometry; it continued to be used as a school textbook almost down to the present day. In applying the mathematical knowledge to the world around them, the Greeks at Alexandria reached some very accurate conclusions. For example, Eratosthenes calculated that the circumference of the Earth was 24,662 miles; this is remarkably close to the true figure of 24,857.

Astronomy, which had begun in Babylon, developed further at Alexandria. There the first attempts were made to calculate the distances between the Earth and the Sun, and between the Earth and the Moon. The idea was also put forward that the Earth was round, rotated on its axis and, with the other planets, circled the Sun. After the end of the western Roman Empire in the fifth century A.D., this idea was forgotten until Copernicus rediscovered it in the sixteenth century. It is remarkable that Alexandrian astronomers devised their theories and made their calculations without the aid of telescopes or other accurate instruments.

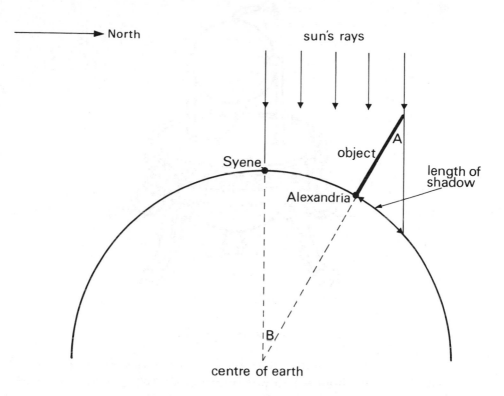

Diagram of Eratosthenes' experiment

At midday, when the sun was directly overhead in Syene, Eratosthenes measured the length of the shadow of an object in Alexandria. From this he could calculate the angle A between the sun's rays and the object. Since the sun's rays are parallel, by simple geometry angle B is the same size as angle A. Knowing angle B and the distance between Syene and Alexandria, he was able to calculate the circumference of the earth.

Diagram of Eratosthenes' experiment

Hero's steam engine

Hero of Alexandria invented the first steam turbine, in the form of a toy, in which a hollow ball was mounted on two brackets on the lid of a vessel of boiling water. One bracket was hollow and conducted steam from the vessel into the ball. The steam escaped from the ball by means of two bent pipes, thus creating a force which made the ball spin round. He also made a hollow altar, where, when a fire was lit, hot air streamed through four bent pipes to make puppets dance.

However, the Alexandrians did not take advantage of their scientific discoveries to build complicated and powerful machines for use in industry. Perhaps they felt they had no need for such machines, as they had a large work-force of slaves and free men available; perhaps they regarded trade and manufacturing as less dignified than scientific research and investigation; or perhaps they were prevented from developing industrial machinery by their lack of technical skills, such as the ability to make large metal containers and hold them together with screws and welds. Whatever the reason, some of the discoveries made by the Alexandrians were not put to practical use until several centuries later.

Words and phrases checklist

adeō, adīre, adiī – go up to, approach
arcessō, arcessere, arcessīvī – summon, send for
ars, artis – art
auris, auris – ear
collocō, collocāre, collocāvī – place
crūdēlis – cruel
dēnique – at last, finally
doctus, docta, doctum – learned, clever
domus, domūs – home
equitō, equitāre, equitāvī – ride
hiems, hiemis – winter
īnferō, īnferre, intulī – bring in, bring on
irrumpō, irrumpere, irrūpī – burst in
lātus, lāta, lātum – wide
līberō, līberāre, līberāvī – free, set free
lūna, lūnae – moon
medicus, medicī – doctor
mors, mortis – death
oculus, oculī – eye
parēns, parentis – parent
persuādeō, persuādēre, persuāsī – persuade
pessimus, pessima, pessimum – very bad, worst
precēs, precum – prayers
relinquō, relinquere, relīquī – leave
remedium, remediī – cure
sermō, sermōnis – conversation
sīcut – like
tam – so
temptō, temptāre, temptāvī – try
vulnus, vulneris – wound

ūnus – one	sex – six	vīgintī – twenty
duo – two	septem – seven	trīgintā – thirty
trēs – three	octō – eight	quadrāgintā – forty
quattuor – four	novem – nine	quīnquāgintā – fifty
quīnque – five	decem – ten	

Language
Information

Contents

PART ONE: About the language

Nouns

1

	first declension	*second declension*		
gender	f.	m.	m.	n.
		singular		
nominative and vocative	puella	servus (*voc.* serve)	puer	templum
accusative	puellam	servum	puerum	templum
genitive	puellae	servī	puerī	templī
dative	puellae	servō	puerō	templō
		plural		
nominative and vocative	puellae	servī	puerī	
accusative	puellās	servōs	puerōs	
genitive	puellārum	servōrum	puerōrum	
dative	puellīs	servīs	puerīs	

Notes:
1 The vocative case is used when someone is being spoken to, e.g. 'ubi es, serve?' ('Where are you, slave?')
2 Some 2nd declension nouns such as 'puer' have a nominative and vocative singular ending in '-er'. All their other cases are formed like the cases of 'servus'.
3 1st declension nouns like 'puella', 'pecūnia' and 'via' are usually feminine; 2nd declension nouns are usually either masculine like 'servus', 'cibus' and 'equus', or neuter like 'templum' and 'aedificium'. 3rd declension nouns may be either masculine like 'mercātor', or feminine like 'urbs', or neuter like 'nōmen'.
4 Study the two nouns 'templum' and 'nōmen'. Notice that the form 'templum' can be either nominative or accusative; so can the form 'nōmen'. This is because 'templum' and 'nōmen' are *neuter*. Every neuter noun uses the same form for both its nominative and accusative singular. (You have not yet met the nominative and accusative plural of neuter nouns.)

third declension

m.	m.	m.	m.	f.	n.	*gender*
singular						
mercātor	leō	cīvis	rēx	urbs	nōmen	*nominative and vocative*
mercātōrem	leōnem	cīvem	rēgem	urbem	nōmen	*accusative*
mercātōris	leōnis	cīvis	rēgis	urbis	nōminis	*genitive*
mercātōrī	leōnī	cīvī	rēgī	urbī	nōminī	*dative*
plural						
mercātōrēs	leōnēs	cīvēs	rēgēs	urbēs		*nominative and vocative*
mercātōrēs	leōnēs	cīvēs	rēgēs	urbēs		*accusative*
mercātōrum	leōnum	cīvium	rēgum	urbium		*genitive*
mercātōribus	leōnibus	cīvibus	rēgibus	urbibus		*dative*

2 Translate the following sentences, then change their meaning by turning each nominative into an accusative and each accusative into a nominative, then translate again.

For example: dominus ancillās salūtāvit.

The master greeted the slave-girls.

This becomes: ancillae dominum salūtāvērunt.

The slave-girls greeted the master.

Notice that in some sentences, as shown above, you will have to change the verb from singular to plural or from plural to singular.

1 puerī leōnēs audīvērunt.

2 puella coquum amāvit.

3 Belimicus ursam cōnspexit.

4 barbarī mīlitēs necāvērunt.

5 rēx cīvēs laudāvit.

6 fēminae mercātōrem vīsitāvērunt.

7 mātrōnam pictor spectāvit.

8 Rōmānōs Britannī interfēcērunt.

3   From Stage 17 onwards, you have met the *genitive* case:

puer ad tabernam **Clēmentis** cucurrit.
The boy ran to Clemens' shop.

spectātōrēs clāmābant, sed rēx clāmōrēs **spectātōrum** nōn audīvit.
The spectators were shouting, but the king did not hear the shouts of the spectators.

iuvenis vōcem **fēminae** laudāvit.
The young man praised the woman's voice.

Further examples:

1 Quīntus, quī prope nāvem stābat, vōcēs nautārum audīvit.
2 Īsis erat dea. sacerdōtēs ad templum deae cotīdiē ībant.
3 magna multitūdō mīlitum in triviīs nōbīs obstābat.
4 in vīllā amīcī meī saepe cēnābam.
5 clāmōrēs puerōrum senem vexābant.
6 prīncipēs ad aulam rēgis quam celerrimē contendērunt.

Adjectives

1 In Stages 14 and 18 you have seen how an adjective changes its endings to agree with the noun it describes in three ways: case, number and gender.

2 Most adjectives in Latin belong either to the 1st and 2nd declension or to the 3rd declension. The adjective 'bonus' ('good') is one that belongs to the 1st and 2nd declension:

	singular			*plural*	
	masculine	*feminine*	*neuter*	*masculine*	*feminine*
nominative and vocative	bonus (*voc.* bone)	bona	bonum	bonī	bonae
accusative	bonum	bonam	bonum	bonōs	bonās

Compare the endings of 'bonus' with those of the 1st and 2nd declension nouns 'servus', 'puella' and 'templum' listed on p.94.

3 The adjective 'fortis' ('brave') is one that belongs to the 3rd declension:

	singular	*plural*
	masculine and feminine	*masculine and feminine*
nominative and vocative	fortis	fortēs
accusative	fortem	fortēs

Compare the endings of 'fortis' with those of the 3rd declension noun 'cīvis' listed on p.95.

'bonus' and 'fortis' have other forms as well. The forms listed above are the ones which you have met most often.

4 With the help of paragraphs 2 and 3, find the Latin words for 'good' and 'brave' in each of the following sentences:

1 The merchant praised his good daughter.
2 The king greeted the brave soldiers.
3 The good men were working hard.
4 A brave woman resisted the enemy.

Comparative and superlative forms of adjectives

1   In Stage 8, you met the *superlative* form of the adjective:

Clēmēns est **laetissimus**.   coquus est **stultissimus**.
Clemens is very happy.   The cook is very stupid.

2   In Stage 10, you met the *comparative* form:

gladiātor erat **fortior** quam leō.   estis **stultiōrēs** quam asinī!
The gladiator was braver than a   You are more stupid than
lion.   donkeys!

3   Study the ordinary (nominative and accusative singular), comparative and superlative forms of the following adjectives:

nominative	*accusative*	*comparative*	*superlative*
longus	longum	longior	longissimus
long		*longer*	*very long*
pulcher	pulchrum	pulchrior	pulcherrimus
beautiful		*more beautiful*	*very beautiful*
fortis	fortem	fortior	fortissimus
brave		*braver*	*very brave*
fēlīx	fēlīcem	fēlīcior	fēlīcissimus
lucky		*luckier*	*very lucky*

4   The comparative and superlative forms change their endings in the usual way to indicate case, number and gender:

nominative: leō **saevissimus** intrāvit.
            A very fierce lion entered.
accusative: leōnem **saevissimum** interfēcī.
            I killed a very fierce lion.

singular: Dumnorix est **callidior** quam Belimicus.
            Dumnorix is cleverer than Belimicus.
plural: Rēgnēnsēs sunt **callidiōrēs** quam Canticī.
            The Regnenses are cleverer than the Cantici.

masculine: dominus meus est **īrātissimus**.
            My master is very angry.
feminine: uxor mea est **īrātissima**.
            My wife is very angry.

5 Some important adjectives form their comparatives and superlatives in an irregular way:

bonus	melior	optimus
good	*better*	*very good, best*
magnus	maior	maximus
big	*bigger*	*very big*

and

multus	plūs	plūrimus
much	*more*	*very much, most*

which becomes in the plural:

multī	plūrēs	plūrimī
many	*more*	*very many, most*

6 Further examples:

1 leō erat maior quam Herculēs.
2 Clēmēns plūrēs amīcōs quam Eutychus habēbat.
3 Aristō erat poēta melior quam Barbillus.
4 Quīntus numquam gemmās maiōrēs vīderat.

7 Translate each sentence, then change the adjective in heavy print into the superlative form, and translate again.

For example: ātrium **magnum** erat.
                The hall was big.

This becomes: ātrium **maximum** erat.
                The hall was very big.

1 rhētor puerōs **bonōs** laudāvit.
2 **multī** cīvēs in flammīs periērunt.
3 Quīntus servīs **bonīs** lībertātem dedit.
4 Herculēs erat **magnus**, et **magnum** fūstem habēbat.

8 Translate the first (a) sentence of each pair. Complete the second (b) sentence with a comparative and superlative adjective, using the first sentence as a guide; then translate. The ordinary form of the adjective is given in brackets after each sentence.

1a Cerberus est ferōcissimus; canem ferōciōrem numquam vīdī. (ferōx)

1b gladiātor est . . . . .; virum . . . . . numquam vīdī. (audāx)

2a frāter meus est sapientior quam tū; sapientissimus est. (sapiēns)

2b Bregāns est . . . . . quam Loquāx; . . . . . est. (īnsolēns)

3a mīlitēs sunt fortiōrēs quam cīvēs; fortissimī sunt. (fortis)

3b servī sunt . . . . . quam lībertī; . . . . . sunt. (trīstis)

4a Melissa vōcem suāvissimam habēbat; vōcem suāviōrem numquam audīvī. (suāvis)

4b Caecilius servum . . . . . habēbat; servum . . . . . numquam vīdī. (fidēlis)

Pronouns

1 You have met the following forms of the Latin pronouns meaning 'I', 'you', etc.:

	singular		plural	
nominative	ego	tū	nōs	vōs
accusative	mē	tē	nōs	vōs
dative	mihi	tibi	nōbīs	vōbīs

mēcum, tēcum – 'with me', 'with you (singular)'
nōbīscum, vōbīscum – 'with us', 'with you (plural)'

2 You have also met the pronoun 'sē', meaning 'himself', 'herself' or 'themselves'. It has the same form for both singular and plural, and it has no nominative case:

	singular	plural
accusative	sē	sē
dative	sibi	sibi

Dumnorix in ursam **sē** coniēcit.   rēgīna **sē** interfēcit.
Dumnorix hurled himself at the bear. The queen killed herself.

mercātor **sibi** vīllam ēmit.
The merchant bought the house for himself.

mīlitēs in longīs ōrdinibus **sē** īnstrūxērunt.
The soldiers drew themselves up in long lines.

3 In Stage 19, the following forms of the word 'hic' were listed:

	singular			plural	
	masculine	*feminine*	*neuter*	*masculine*	*feminine*
nominative	hic	haec	hoc	hī	hae
accusative	hunc	hanc	hoc	hōs	hās

hae stolae sunt sordidae!   **hunc** servum pūnīre volō.
These dresses are dirty!   I want to punish this slave.

4 You have also met the following forms of the word 'ille' which means 'that' (plural 'those'):

	singular		plural	
	masculine	*feminine*	*masculine*	*feminine*
nominative	ille	illa	illī	illae
accusative	illum	illam	illōs	illās

illa taberna nunc est mea. spectā **illōs** hominēs!
That shop is now mine. Look at those men!

5 In Stage 20, the following forms of the word for 'him', 'her' and 'them' were listed:

	singular		plural	
	masculine	*feminine*	*masculine*	*feminine*
accusative	eum	eam	eōs	eās
genitive	eius			
dative	eī		eīs	

iuvenēs **eam** laudāvērunt. dominus **eī** praemium dedit.
The young men praised The master gave a reward to him.
her *or* The master gave him a reward.

6 The various forms of the word 'ille' can be used to mean 'he, him' (masculine), 'she, her' (feminine), 'they, them' (plural):

ille tamen nōn erat perterritus.
He, however, was not terrified.

7 In Stages 15 and 16, you met various forms of the *relative pronoun* 'quī', which is placed at the start of a relative clause and means 'who', 'which', etc.:

	singular			*plural*	
	masculine	*feminine*	*neuter*	*masculine*	*feminine*
nominative	quī	quae	quod	quī	quae
accusative	quem	quam	quod	quōs	quās

ursa, **quam** Quīntus vulnerāvit, nunc mortua est.
The bear which Quintus wounded is now dead.

ubi est templum, **quod** Augustus Caesar aedificāvit?
Where is the temple which Augustus Caesar built?

in mediō ātriō stābant mīlitēs, **quī** rēgem custōdiēbant.
In the middle of the hall stood the soldiers, who were guarding the king.

The noun described by a relative clause is known as the *antecedent* of the relative pronoun. For example, in the first Latin sentence above, 'ursa' is the antecedent of 'quam'.

8 Further examples:

1 postquam senex hoc dīxit, Barbillus eum laudāvit.
2 in palaestrā erant multī āthlētae, quī sē exercēbant.
3 quamquam puellae prope mē stābant, eās vidēre nōn poteram.
4 hoc est vīnum, quod Cogidubnus ex Ītaliā importat.
5 simulac mercātōrēs advēnērunt, Clēmēns eīs pecūniam trādidit.
6 dā mihi illum fūstem!
7 mīlitēs, quōs imperātor mīserat, nōbīscum sedēbant.
8 Barbillus hās gemmās sibi ēmit.
9 rēgīna, quae tē honōrāvit, nōs castīgāvit.
10 simulac Eutychus hanc tabernam intrāvit, vōcem eius audīvī.

Verbs

1   You have now met the following forms of the verb:

first conjugation	*second conjugation*	*third conjugation*	*fourth conjugation*
		present tense	
I carry, you carry, etc.	*I teach, you teach, etc.*	*I drag, you drag, etc.*	*I hear, you hear, etc.*
portō	doceō	trahō	audiō
portās	docēs	trahis	audīs
portat	docet	trahit	audit
portāmus	docēmus	trahimus	audīmus
portātis	docētis	trahitis	audītis
portant	docent	trahunt	audiunt
		imperfect tense	
I was carrying, you were carrying, etc.	*I was teaching, etc.*	*I was dragging, etc.*	*I was hearing, etc.*
portābam	docēbam	trahēbam	audiēbam
portābās	docēbās	trahēbās	audiēbās
portābat	etc.	etc.	etc.
portābāmus			
portābātis			
portābant			
		perfect tense	
I (have) carried, you (have) carried, etc.	*I (have) taught, etc.*	*I (have) dragged, etc.*	*I (have) heard, etc.*
portāvī	docuī	trāxī	audīvī
portāvistī	docuistī	trāxistī	audīvistī
portāvit	etc.	etc.	etc.
portāvimus			
portāvistis			
portāvērunt			

first conjugation	*second conjugation*	*third conjugation*	*fourth conjugation*
	pluperfect tense		
I had carried, you had carried, etc.	*I had taught, etc.*	*I had dragged, etc.*	*I had heard, etc.*
portāveram	docueram	trāxeram	audīveram
portāverās	docuerās	trāxerās	audīverās
portāverat	etc.	etc.	etc.
portāverāmus			
portāverātıs			
portāverant			
	infinitive		
to carry	*to teach*	*to drag*	*to hear*
portāre	docēre	trahcre	audīre
	imperative		
carry!	*teach!*	*drag!*	*hear!*
portā	docē	trahe	audī
portātc	docēte	trahite	audīte

2 Translate the following examples, then change them from the plural to the singular, so that they mean 'he . . .' instead of 'they . . .', and translate again:

portāvērunt; trahunt; audīverant; docēbant; laudant; intellēxērunt.

3 The forms of the verb which indicate 'I', 'you' (singular) and 'he' (or 'she' or 'it') are known as the *1st, 2nd and 3rd person singular*; the forms which indicate 'we', 'you' (plural) and 'they' are known as the *1st, 2nd and 3rd person plural*. The following table summarises the Latin word-endings and the English translations which are used to indicate the different persons:

	Latin word-ending		*English*
	present, imperfect,		
	pluperfect	*perfect*	
1st person singular	-ō *or* -m	-ī	I
2nd person singular	-s	-istī	you
3rd person singular	-t	-it	he, she, it
1st person plural	-mus	-imus	we
2nd person plural	-tis	-istis	you
3rd person plural	-nt	-ērunt	they

So a word like 'trāxerant' can be either *translated* ('they had dragged') or *described* ('3rd person plural pluperfect'). Two further examples, 'portāvī' and 'docent', are described and translated as follows:

portāvī	1st person singular perfect	I carried
docent	3rd person plural present	they teach

4 Describe and translate the following examples:

trāxī; audīs; portābāmus; docuerant; ambulāvistī; dīxerat.

Irregular verbs

1 You have met the following forms of four irregular verbs:

esse	posse	velle	ferre
to be	*to be able*	*to want*	*to bring*

present tense

I am,	*I am able,*	*I want,*	*I bring,*
you are, etc.	*you are able, etc.*	*you want, etc.*	*you bring, etc.*
sum	possum	volō	ferō
es	potes	vīs	fers
est	potest	vult	fert
sumus	possumus	volumus	ferimus
estis	potestis	vultis	fertis
sunt	possunt	volunt	ferunt

imperfect tense

I was, etc.	*I was able,*	*I was wanting,*	*I was bringing,*
	etc.	*etc.*	*etc.*
eram	poteram	volēbam	ferēbam
erās	poterās	volēbās	ferēbās
erat	etc.	etc.	etc.
erāmus			
erātis			
erant			

perfect tense

	I have been	*I (have)*	*I (have)*
	able, etc.	*wanted, etc.*	*brought, etc.*
	potuī	voluī	tulī
	potuistī	voluistī	tulistī
	potuit	etc.	etc.
	potuimus		
	potuistis		
	potuērunt		

2 Translate the following:

ferunt; es; potes; erāmus; poterāmus.
vultis; tulit; sumus; ferēbant; vīs.

3 Notice the difference between the present and perfect tenses of ferō:

ferō   I bring   tulī   I brought

Compare this with the way the word 'go' changes in English:

I go, you go, etc.   I went, you went, etc.

Word order

1 Notice the word order in the following sentences:

clāmābant Rēgnēnsēs.   The Regnenses were shouting.
intrāvit Cogidubnus.   Cogidubnus entered.

Further examples:

1 lacrimābant ancillae.
2 labōrābat Clēmēns.
3 dormiēbat rēx.

2 From Stage 7 onwards, you have met the following word order:

amīcum salūtāvit.   He greeted his friend.
ancillās laudāvimus.   We praised the slave-girls.

Further examples:

1 rēgem salūtāvērunt.
2 dominōs audīvimus.
3 pecūniam invēnit.

3   The following word order is sometimes found:

discum petīvit āthlēta.   The athlete looked for the discus.
nautās vituperāvit Belimicus. Belimicus cursed the sailors.

Further examples:

1 amphoram portābat vīlicus.
2 vīnum bibēbant prīncipēs.
3 gladiātōrēs laudāvit nūntius.

4   The following word order is also sometimes found:

mercātōrem rēx dēcēpit.   The king deceived the merchant.
equum agricola vēndidit.   The farmer sold the horse.

Further examples:

1 fēminās dominus spectāvit.
2 leōnem gladiātor interfēcit.
3 āctōrēs rēgīna honōrāvit.

5   The following sentences include all the different sorts of word order used in paragraphs 1–4:

1 surrēxērunt prīncipēs.   5 rēgem cīvēs vīdērunt.
2 fīlium pater vituperābat.   6 plausērunt lībertī.
3 togam gerēbat.   7 deōs laudāvimus.
4 multitūdinem incitābat senex.   8 mē dēcēpistī.

6   The following examples each contain a noun in the dative case:

nūntiō epistulam dedī.   I gave a letter to the messenger.
hospitibus agrum ostendit.   He showed the field to the guests.
amīcīs crēdēbat.   He believed his friends.

Further examples:

1 mercātōrī pecūniam reddidit.
2 mīlitibus cibum parāvī.
3 dominō resistēbant.
4 tibi faveō.

Longer sentences I (with 'postquam', 'simulac', etc.)

1 Study the following pairs of sentences:

1a imperātor ex amphitheātrō exiit.
The emperor went out of the amphitheatre.

1b imperātor, postquam gladiātōribus lībertātem dedit, ex amphitheātrō exiit.
After the emperor gave freedom to the gladiators, he went out of the amphitheatre.

2a Clēmēns amīcōs arcessīvit.
Clemens sent for his friends.

2b Clēmēns, quod Eutychus tabernae iam appropinquābat, amīcōs arcessīvit.
Clemens sent for his friends because Eutychus was now approaching the shop.

2 Study the following examples of sentences with 'simulac', 'ubi' and 'quamquam':

1 amīcī, simulac tabernam vīdērunt dīreptam, ad Clēmentem cucurrērunt.
As soon as the friends saw the shop ransacked, they ran to Clemens.

2 ubi Salvius revēnit īrātus, Bregāns fūgit.
When Salvius came back angry, Bregans ran away.

3 senex, quamquam uxor pompam vidēre volēbat, ex urbe discessit.
The old man left the city although his wife wanted to see the procession.

3 Complete each sentence with the most suitable group of words from the list below, and then translate. Use each group of words once only.

ubi saxō appropinquant
quamquam servī dīligenter labōrābant
simulac sacerdōtēs ē cellā templī prōcessērunt
postquam hospitī cubiculum ostendit
ubi iuvenēs laetī ad theātrum contendērunt
quod turbam īnfestam audīre poterat

1 . . . . ., dominus nōn erat contentus.
2 necesse est nautīs, ..., cursum tenēre rēctum.
3 puer timēbat ē casā exīre, ...
4 . . . . ., tacuērunt omnēs.
5 māter, ..., cibum in culīnā gustāvit.
6 . . . . ., senex in tablīnō manēbat occupātus.

Longer sentences II

1 You have met several examples of this kind of sentence:

Rēgnēnsēs erant laetī, Canticī miserī.
The Regnenses were happy, the Cantici were miserable.

Britannī cibum laudāvērunt, Rōmānī vīnum.
The Britons praised the food, the Romans praised the wine.

2 Further examples:

1 ūnus servus est fūr, cēterī innocentēs.
2 Canticī Belimicum spectābant, Rēgnēnsēs Dumnorigem.

3 The following examples are slightly different:

sacerdōs templum, poēta tabernam quaerēbat.
The priest was looking for a temple, the poet was looking for an inn.

iuvenis Aegyptius, senex Graecus erat.
The young man was Egyptian, the old man was Greek.

4 Further examples:

1 Clēmēns attonitus, Quīntus īrātus erat.
2 mercātor stolās, caupō vīnum vēndēbat.
3 puer ad triclīnium, ancillae ad culīnam cucurrērunt.
4 Cogidubnus magnum taurum, Salvius parvum agnum sacrificāvit.
5 Galatēa stolam, iuvenēs Helenam spectābant.

PART TWO: Words and phrases

Notes

1   Verbs are listed as in the Unit IIA Language Information section.

2   Nouns are listed in the following way:

the nominative case, e.g. servus ('slave');
the genitive case, e.g. servī ('of a slave', explained in Stage 17);
the gender of the noun (explained in Stage 18: 'm.' = masculine, 'f.' = feminine, 'n.' = neuter);
the meaning.

So, if the following information is given:

pāx, pācis, f. – peace
'pāx' means 'peace', 'pācis' means 'of peace', and the word is feminine.

3   Find the meaning of the following:

crocodīlus, crocodīlī; rudēns, rudentis; fascia, fasciae.

4   Find the meaning and the gender of the following words, some of which are in the nominative case and some in the genitive:

taurus; flūminis; hasta; harundinis; mare.

5   Using both the 'About the language' and the 'Words and phrases' parts of this section, translate the following:

1 leō, servō
2 cīvī, dominī
3 flōris, fabrīs
4 amīcī, iuvenī

6 Adjectives are listed in the following way:

1st and 2nd declension adjectives are listed with the masculine, feminine and neuter forms of the nominative singular, e.g. 'bonus, bona, bonum'.

3rd declension adjectives are usually listed with the masculine form only of the nominative singular, e.g. 'fortis', 'trīstis'. Sometimes the genitive singular (which is the same for all genders) is added, e.g. ferōx, *gen.* ferōcis; ingēns, *gen.* ingentis.

7 All words which are given in the 'Words and phrases checklists' for Stages 1–20 are marked with an asterisk.

a

*ā, ab – from; by
*abeō, abīre, abiī – go away
abiciō, abicere, abiēcī – throw away
*absum, abesse, āfuī – be out, be absent
*accipiō, accipere, accēpī – accept, take in, receive
accurrēns, *gen.* accurrentis – running up
acētum, acētī, n. – vinegar
ācriter – keenly, fiercely
āctor, āctōris, m. – actor
*ad – to, at
*adeō, adīre, adiī – approach, go up to
adeō – so much, so greatly
adhibeō, adhibēre, adhibuī – use, apply
  precēs adhibēre – offer prayers to

adiuvō, adiuvāre, adiūvī – help
administrāns, *gen.* administrantis – looking after, managing
administrō, administrāre, administrāvī – look after, manage
admittō, admittere, admīsī – admit, let in
adōrō, adōrāre, adōrāvī – worship
*adsum, adesse, adfuī – be here, be present
*adveniō, advenīre, advēnī – arrive
*aedificium, aedificiī, n. – building
*aedificō, aedificāre, aedificāvī – build
*aeger, aegra, aegrum – sick, ill

Aegyptius, Aegyptia,
Aegyptium – Egyptian
aequus, aequa, aequum – fair
Aethiopes, Aethiopum, m.pl. –
Ethiopians
afflīgō, afflīgere, afflīxī – afflict,
hurt
agitāns, *gen.* agitantis –
chasing, hunting
*agitō, agitāre, agitāvī – chase,
hunt
*agmen, a'gminis, n. – column (of
men), procession
*agnōscō, agnōscere, agnōvī –
recognise
agnus, agnī, m. – lamb
*agō, agere, ēgī – do, act
* fābulam agere – act a play
* grātiās agere – thank, give
thanks
* negōtium agere – do
business, work
quid agis? – how are you?
*agricola, agricolae, m. – farmer
āla, ālae, f. – wing
Alexandrīnus, Alexandrīna,
Alexandrīnum –
Alexandrian
aliquandō – sometimes
*aliquid – something
*alius, alia, aliud – other,
another, else
*alter, altera, alterum –
the other, the second
altus, alta, altum – deep
in altum – towards the open
sea

*ambulō, ambulāre, ambulāvī –
walk
amīcē – in a friendly way
*amīcus, amīcī, m. – friend
*āmittō, āmittere, āmīsī – lose
*amō, amāre, amāvī – love, like
amphora, amphorae, f. –
wine-jar
amulētum, amulētī, n. –
amulet, lucky charm
*ancilla, ancillae, f. – slave-girl,
maid
*animus, animī, m. – spirit, soul
animum recipere – recover
consciousness
annus, annī, m. – year
*antīquus, antīqua, antīquum
– old, ancient
*ānulus, ānulī, m. – ring
anxius, anxia, anxium –
anxious
aperiō, aperīre, aperuī –
open
appāreō, appārēre, appāruī –
appear
*appropinquō, appropinquāre,
appropinquāvī –
approach, come near to
*apud – among, at the house of
*aqua, aquae, f. – water
*āra, ārae, f. – altar
Arabs, *gen.* Arabis – Arabian
arānea, arāneae, f. – spider's
web
*arcessō, arcessere, arcessīvī –
summon, send for

ardeō, ardēre, arsī – burn, be
on fire

arēna, arēnae, f. – arena

*argenteus, argentea,
argenteum – made of
silver

armārium, armāriī, n. – chest,
cupboard

*ars, artis, f. – art, skill

ascendō, ascendere, ascendī –
climb, rise

asinus, asinī, m. – ass, donkey

assiduē – continually

astrologus, astrologī, m. –
astrologer

Athēnae, Athēnārum, f.pl. –
Athens

Athēniēnsis – Athenian

āthlēta, āthlētae, m. – athlete

*ātrium, ātriī, n. – hall

*attonitus, attonita, attonitum –
astonished

audāx, *gen.* audācis – bold,
daring

*audeō, audēre – dare

*audiō, audīre, audīvī – hear

*aula, aulae, f. – palace

aurātus, aurāta, aurātum –
gilded, gold-plated

aureus, aureī, m. – gold coin,
gold piece

*auris, auris, f. – ear

*auxilium, auxiliī, n. – help

avārus, avāra, avārum – mean,
miserly

*avārus, avārī, m. – miser

avidus, avida, avidum – eager

b

barbarus, barbarī, m. –
barbarian

*bene – well

*benignus, benigna, benignum
– kind

bēstia, bēstiae, f. – wild beast

*bibō, bibere, bibī – drink

*bonus, bona, bonum – good

Britannī, Britannōrum, m.pl. –
Britons

Britannia, Britanniae, f. –
Britain

c

cachinnāns, *gen.* cachinnantis –
laughing, cackling

cadō, cadere, cecidī – fall

*caedō, caedere, cecīdī – kill

caelum, caelī, n. – sky

caesus, caesa, caesum – killed

calcō, calcāre, calcāvī – tread
on

*callidus, callida, callidum –
clever, cunning

*canis, canis, m. – dog

canistrum, canistrī, n. – basket

cantāns, *gen.* cantantis –
singing, chanting

*cantō, cantāre, cantāvī – sing,
chant

capillī, capillōrum, m.pl. – hair
*capiō, capere, cēpī – take,
   catch, capture
captus, capta, captum – taken,
   caught, captured
*caput, capitis, n. – head
carmen, carminis, n. – song
*cārus, cāra, cārum – dear
casa, casae, f. – small house
*castīgō, castīgāre, castīgāvī –
   scold
caupō, caupōnis, m. – innkeeper
*cautē – cautiously
cecidī *see* cadō
cecīdī *see* caedō
cēdō, cēdere, cessī – give in,
   give way
*celebrō, celebrāre, celebrāvī –
   celebrate
*celeriter – quickly, fast
   quam celerrimē – as quickly
   as possible
cella, cellae, f. – sanctuary
cēlō, cēlāre, cēlāvī – hide
*cēna, cēnae, f. – dinner
*cēnō, cēnāre, cēnāvī – dine,
   have dinner
centum – a hundred
*centuriō, centuriōnis, m. –
   centurion
cēpī *see* capiō
*cēra, cērae, f. – wax, wax tablet
certus, certa, certum – certain,
   infallible
cessī *see* cēdō
*cēterī, cēterae, cētera – the
   others, the rest

Chaldaeī, Chaldaeōrum, m.pl.
   – Chaldaeans
*cibus, cibī, m. – food
*cinis, cineris, m. – ash
circum – around
*circumspectō, circumspectāre,
   circumspectāvī – look
   round
circumveniō, circumvenīre,
   circumvēnī – surround
citharoedus, citharoedī, m. –
   cithara player
*cīvis, cīvis, m.f. – citizen
clāmāns, *gen.* clāmantis –
   shouting
*clāmō, clāmāre, clāmāvī –
   shout
*clāmor, clāmōris, m. – shout,
   uproar
*claudō, claudere, clausī – shut,
   close, block
*coepī – I began
*cōgitō, cōgitāre, cōgitāvī –
   think, consider
*cognōscō, cognōscere, cognōvī
   – get to know, find out
collēctus, collēcta, collēctum –
   gathered, assembled
colligō, colligere, collēgī –
   gather, collect, assemble
*collocō, collocāre, collocāvī –
   place, put
columba, columbae, f. – dove
comes, comitis, m.f. – comrade,
   companion
cōmis – polite, courteous,
   friendly

cōmiter – politely, courteously

*commodus, commoda, commodum – convenient

commōtus, commōta, commōtum – moved, upset, affected, alarmed, excited, distressed

*comparō, comparāre, comparāvī – obtain

*compleō, complēre, complēvī – fill

compōnō, compōnere, composuī – put together, arrange, mix, make up

condūcō, condūcere, condūxī – hire

cōnfectus, cōnfecta, cōnfectum – finished

*cōnficiō, cōnficere, cōnfēcī – finish

cōnfīdō, cōnfīdere – trust

coniungō, coniungere, coniūnxī – join

sē coniungere – join

*coniūrātiō, coniūrātiōnis, f. – plot, conspiracy

coniūrō, coniūrāre, coniūrāvī – plot, conspire

cōnscendō, cōnscendere, cōnscendī – embark on, go on board

cōnsecrō, cōnsecrāre, cōnsecrāvī – dedicate

*cōnsentiō, cōnsentīre, cōnsēnsī – agree

cōnserō, cōnserere, cōnseruī – stitch

cōnsīdō, cōnsīdere, cōnsēdī – sit down

*cōnsilium, cōnsiliī, n. – plan, idea

cōnsilium capere – make a plan, have an idea

*cōnsistō, cōnsistere, cōnstitī – stand one's ground, stand firm

*cōnspiciō, cōnspicere, cōnspexī – catch sight of

*cōnsūmō, cōnsūmere, cōnsūmpsī – eat

*contendō, contendere, contendī – hurry

contentiō, contentiōnis, f. – argument

*contentus, contenta, contentum – satisfied

*conveniō, convenīre, convēnī – come together, gather, meet

*coquō, coquere, coxī – cook

*coquus, coquī, m. – cook

corōna, corōnae, f. – garland, wreath

*cotīdiē – every day

*crēdō, crēdere, crēdidī – trust, believe, have faith in

croceus, crocea, croceum – yellow

crocodīlus, crocodīlī, m. – crocodile

*crūdēlis – cruel

*cubiculum, cubiculī, n. – bedroom

cucurrī *see* currō

culīna, culīnae, f. – kitchen
*cum – with
cumulus, cumulī, m. – pile
*cupiō, cupere, cupīvī – want
*cūr? – why?
cūra, cūrae, f. – care
*cūrō, cūrāre, cūrāvī – look
    after, supervise
    nihil cūrō – I don't care

currēns, *gen.* currentis –
    running
*currō, currere, cucurrī – run
cursus, cursūs, m. – course
*custōdiō, custōdīre, custōdīvī –
    guard
*custōs, custōdis, m. – guard
cutis, cutis, m. – skin

d

dare *see* dō
*dē – from, down from; about
*dea, deae, f. – goddess
*dēbeō, dēbēre, dēbuī – owe,
    ought, should, must
*decem – ten
*dēcidō, dēcidere, dēcidī – fall
    down
dēcipiō, dēcipere, dēcēpī –
    deceive, trick
*decōrus, decōra, decōrum –
    right, proper
dedī *see* dō
*dēfendō, dēfendere, dēfendī –
    defend
dēiciō, dēicere, dēiēcī – throw
    down, throw
*deinde – then
*dēlectō, dēlectāre, dēlectāvī –
    delight, please
*dēleō, dēlēre, dēlēvī – destroy
dēligātus, dēligāta, dēligātum
    – tied up, moored
dēligō, dēligāre, dēligāvī –
    bind, tie, tie up

*dēmōnstrō, dēmōnstrāre,
    dēmōnstrāvī – point out,
    show
*dēnique – at last, finally
dēns, dentis, m. – tooth, tusk
*dēnsus, dēnsa, dēnsum – thick
dēpellō, dēpellere, dēpulī –
    drive off
dēplōrāns, *gen.* dēplōrantis –
    complaining about
dēpōnō, dēpōnere, dēposuī –
    put down, take off
*dērīdeō, dērīdēre, dērīsī –
    mock, jeer at
dēscendēns, *gen.* dēscendentis –
    coming down
dēserō, dēserere, dēseruī –
    desert
dēsertus, dēserta, dēsertum –
    deserted
    in dēsertīs – in the desert
*dēsiliō, dēsilīre, dēsiluī –
    jump down
dēspērāns, *gen.* dēspērantis –
    despairing

*dēspērō, dēspērāre,
    dēspērāvī – despair
*deus, deī, m. – god
*dīcō, dīcere, dīxī – say
*dictō, dictāre, dictāvī – dictate
*diēs, diēī, m. – day
    diēs fēstus, diēī fēstī, m. –
        festival, holiday
*   diēs nātālis, diēī nātālis, m.
        – birthday
*difficilis – difficult
    dignitās, dignitātis, f. – dignity
*dīligenter – carefully
*dīmittō, dīmittere, dīmīsī –
        send away, dismiss
    dīreptus, dīrepta, dīreptum –
        pulled apart, ransacked
    dīripiō, dīripere, dīripuī – pull
        apart, ransack
*discēdō, discēdere, discessī –
        depart, leave
    dissecō, dissecāre, dissecuī –
        cut up
    dissectus, dissecta, dissectum –
        cut up, dismembered
*diū – for a long time
    diūtius – any longer
    dīves, *gen.* dīvitis – rich
    dīxī *see* dīcō

*dō, dare, dedī – give
    doceō, docēre, docuī – teach
*doctus, docta, doctum –
        learned, educated, skilful,
        clever
    dolor, dolōris, m. – pain
*domina, dominae, f. – mistress,
        madam
*dominus, dominī, m. – master
*domus, domūs, f. – home
    domī – at home
    domum redīre – return home
*dōnum, dōnī, n. – present, gift
    dormiēns, *gen.* dormientis –
        sleeping
*dormiō, dormīre, dormīvī –
        sleep
    dubitō, dubitāre, dubitāvī – be
        doubtful
    dubium, dubiī, n. – doubt
    ducentī, ducentae – two
        hundred
*dūcō, dūcere, dūxī – lead
*dulcis – sweet
    mī dulcissime! – my dear
        fellow!
*duo – two
    dūrus, dūra, dūrum – harsh,
        hard

e

*ē, ex – from, out of
    eam – her
    eās – them
    eburneus, eburnea, eburneum
        – ivory
*ecce! – see! look!

*effigiēs, effigiēī, f. – image,
        statue
    effluō, effluere, efflūxī – pour
        out, flow out
    effringō, effringere, effrēgī –
        break down

*effugiō, effugere, effūgī – escape
ēgī *see* agō
*ego, meī – I, me
  mēcum – with me
  ehem ! – well, well!
*ēheu! – alas!
  eī – to him, to her, to it
  eīs – to them
  eius – his
  ēligō, ēligere, ēlēgī – choose
*ēmittō, ēmittere, ēmīsī – throw,
    send out
*emō, emere, ēmī – buy
  ēmoveō, ēmovēre, ēmōvī –
    move, clear away
  enim – for
*eō, īre, iī – go
  eōs – them
*epistula, epistulae, f. – letter
*equitō, equitāre, equitāvī – ride
*equus, equī, m. – horse
  eram *see* sum
  ērubēscō, ērubēscere, ērubuī –
    blush
  est *see* sum
*et – and
*etiam – even, also
*euge! – hurray!
*eum – him
  ēvellēns, *gen.* ēvellentis –
    wrenching off

ēvertō, ēvertere, ēvertī –
  overturn
ēvolō, ēvolāre, ēvolāvī – fly out
ēvulsus, ēvulsa, ēvulsum –
  wrenched off
ex, ē – from, out of
*exanimātus, exanimāta,
  exanimātum –
  unconscious
*excitō, excitāre, excitāvī –
  arouse, wake up
*exclāmāns, *gen.* exclāmantis –
  exclaiming, shouting
*exclāmō, exclāmāre, exclāmāvī
  – exclaim, shout
*exeō, exīre, exiī – go out
*exerceō, exercēre, exercuī –
  exercise
  exercitus, exercitūs, m. – army
  expellō, expellere, expulī –
    throw out
  exquīsītus, exquīsīta,
    exquīsītum – special
*exspectō, exspectāre,
  exspectāvī – wait for
  extorqueō, extorquēre, extorsī
    – extort
  extrā – outside
  extrahō, extrahere, extrāxī –
    pull out, take out

f

*faber, fabrī, m. – craftsman
*fābula, fābulae, f. – play, story
*facile – easily
*facilis – easy

*faciō, facere, fēcī – make, do
  floccī nōn faciō – I don't care
    a hang for

*familiāris, familiāris, m. –
    relation, relative
familiāriter – closely,
    intimately
fascia, fasciae, f. – bandage
*faveō, favēre, fāvī – favour,
    support
fēcī *see* faciō
fēlēs, fēlis, f. – cat
*fēmina, fēminae, f. – woman
fenestra, fenestrae, f. – window
*ferō, ferre, tulī – bring, carry
    graviter ferre – take
    badly
*ferōciter – fiercely
*ferōx, *gen.* ferōcis – fierce,
    ferocious
fervēns, *gen.* ferventis – boiling
*fessus, fessa, fessum – tired
*festīnō, festīnāre, festīnāvī –
    hurry
fēstus, fēsta, fēstum – festival,
    holiday
*fidēlis – faithful, loyal
fidēliter – faithfully, loyally
*fīlia, fīliae, f. – daughter
*fīlius, fīliī, m. – son
fīō – I become
firmē – firmly
*flamma, flammae, f. – flame
floccī nōn faciō – I don't care a
    hang for
*flōs, flōris, m. – flower
flūmen, flūminis, n. – river
*fluō, fluere, flūxī – flow
forceps, forcipis, m. – doctors'
    tongs, forceps

*fortasse – perhaps
*forte – by chance
*fortis – brave
*fortiter – bravely
fortitūdō, fortitūdinis, f. –
    courage
*fortūna, fortūnae, f. – fortune,
    luck
fortūnātus, fortūnāta,
    fortūnātum – lucky
*forum, forī, n. – forum,
    market-place
*fossa, fossae, f. – ditch
*frāctus, frācta, frāctum –
    broken
frangēns, *gen.* frangentis –
    breaking
*frangō, frangere, frēgī – break
*frāter, frātris, m. – brother
frequentō, frequentāre,
    frequentāvī – crowd
*frūmentum, frūmentī, n. –
    grain
*frustra – in vain
*fugiō, fugere, fūgī – run away,
    flee (from)
fulgēns, *gen.* fulgentis –
    shining, glittering
*fulgeō, fulgēre, fulsī – shine,
    glitter
fundō, fundere, fūdī – pour
*fundus, fundī, m. – farm
fūnus, fūneris, n. – funeral
*fūr, fūris, m. – thief
fūstis, fūstis, m. – club, stick

g

garriēns, *gen.* garrientis –
  chattering, gossiping
garriō, garrīre, garrīvī –
  chatter, gossip
*geminī, geminōrum, m.pl. –
  twins
gemitus, gemitūs, m. – groan
*gemma, gemmae, f. – jewel,
  gem
*gēns, gentis, f. – family, tribe
gerō, gerere, gessī – wear
gladiātor, gladiātōris, m. –
  gladiator

*gladius, gladiī, m. – sword
Graecia, Graeciae, f. – Greece
Graecus, Graeca, Graecum –
  Greek
grātiae, grātiārum, f.pl. –
  thanks
* grātiās agere – thank, give
  thanks
*graviter – seriously
  graviter ferre – take badly
*gustō, gustāre, gustāvī – taste

h

*habeō, habēre, habuī – have
*habitō, habitāre, habitāvī – live
hāc – this
hae – these
haec – this
haedus, haedī, m. – kid, young
  goat
*haereō, haerēre, haesī – stick,
  cling
hanc – this
harundō, harundinis, f. – reed
hās – these
*hasta, hastae, f. – spear
*hauriō, haurīre, hausī – drain,
  drink up
*hercle! – by Hercules!
hērēs, hērēdis, m.f. – heir
*heri – yesterday
heus! – hey!
hī – these
*hic – this

*hiems, hiemis, f. – winter
hippopotamus, hippopotamī,
  m. – hippopotamus
hoc – this
hōc – this
*hodiē – today
*homō, hominis, m. – man
homunculus, homunculī, m. –
  little man
*honōrō, honōrāre, honōrāvī –
  honour
hōra, hōrae, f. – hour
*horreum, horreī, n. – barn,
  granary
*hortus, hortī, m. – garden
hōs – these
*hospes, hospitis, m. – guest,
  host
*hūc – here, to this place
humilis – low-born, of low class
hunc – this

i

*iaceō, iacēre, iacuī – lie
iaciō, iacere, iēcī – throw
*iam – now
*iānua, iānuae, f. – door
ībam *see* eō
*ibi – there
id – it
iēcī *see* iaciō
*igitur – therefore, and so
*ignāvus, ignāva, ignāvum –
    lazy, cowardly
iī *see* eō
illa – that, she
illā – that
illam – that
illās – those
*ille – that, he
illī – they, those, that
illinc – from there
illīs – those
illōs – those
*illūc – there, to that place
illum – that
immemor, *gen.* immemoris –
    forgetful
immōtus, immōta, immōtum –
    still, motionless
*impediō, impedīre, impedīvī –
    delay, hinder
impellō, impellere, impulī –
    carry, push, force
*imperātor, imperātōris, m. –
    emperor
*imperium, imperiī, n. – empire
*impetus, impetūs, m. – attack
    impetum facere – charge,

make an attack
impiger, impigra, impigrum –
    lively, energetic
impleō, implēre, implēvī – fill
importō, importāre, importāvī
    – import
*in – in, on; into, onto
incēdō, incēdere, incessī –
    march, stride
incendēns, *gen.* incendentis –
    burning, setting fire to
incendō, incendere, incendī –
    burn, set fire to
*incidō, incidere, incidī – fall
incipio, incipere, incēpī – begin
*incitō, incitāre, incitāvī – urge
    on, encourage
*īnfāns, īnfantis, m. – child,
    baby
īnfēlīx, *gen.* īnfēlīcis – unlucky
*īnferō, īnferre, intulī – bring in,
    bring on
    iniūriam īnferre – do an
    injustice to, bring injury to
    mortem īnferre – bring
    death upon
    vim īnferre – use force,
    violence
īnfestus, īnfesta, īnfestum –
    hostile
īnfirmus, īnfirma, īnfirmum –
    weak
īnflō, īnflāre, īnflāvī – blow
ingenium, ingeniī, n. –
    character
*ingēns, *gen.* ingentis – huge

ingravēscō, ingravēscere –
   grow worse
iniciō, inicere, iniēcī – throw in
*inimīcus, inimīcī, m. – enemy
iniūria, iniūriae, f. – injustice,
   injury
innocēns, *gen.* innocentis –
   innocent
*inquit – says, said
īnsidiae, īnsidiārum, f.pl. –
   trap, ambush
īnsiliō, īnsilīre, īnsiluī – jump
   onto, jump into
īnsolēns, *gen.* īnsolentis – rude,
   insolent
*īnspiciō, īnspicere, īnspexī –
   look at, inspect, examine
īnstrūctus, īnstrūcta,
   īnstrūctum – drawn up
*īnsula, īnsulae, f. – island
*intellegō, intellegere,
   intellēxī – understand
*intentē – intently
intentus, intenta, intentum –
   intent
*inter – among
   inter sē – among themselves,
   with each other
*interficiō, interficere,
   interfēcī – kill
interrogō, interrogāre,
   interrogāvī – question

*intrō, intrāre, intrāvī – enter
intulī *see* īnferō
*inveniō, invenīre, invēnī – find
invicem – in turn
*invītō, invītāre, invītāvī –
   invite
*invītus, invīta, invītum –
   unwilling, reluctant
iocus, iocī, m. – joke
ipsa – herself
*ipse – himself
*īrātus, īrāta, īrātum – angry
īre *see* eō
*irrumpō, irrumpere, irrūpī –
   burst in
Īsiacus, Īsiacī, m. – follower of
   Isis
*iste – that
istī – that
*ita – in this way
*ita vērō – yes
Ītalia, Ītaliae, f. – Italy
*itaque – and so
*iter, itineris, n. – journey,
   progress
*iterum – again
iubeō, iubēre, iussī – order
Iūdaeī, Iūdaeōrum, m.pl. –
   Jews
*iūdex, iūdicis, m. – judge
*iuvenis, iuvenis, m. – young
   man

l

*labōrō, labōrāre, labōrāvī – work

lacrimāns, *gen.* lacrimantis – weeping, crying

*lacrimō, lacrimāre, lacrimāvī – weep, cry

laedō, laedere, laesī – harm

*laetus, laeta, laetum – happy

languidus, languida, languidum – weak, feeble

lapis, lapidis, m. – stone

lateō, latēre, latuī – lie hidden

*latrō, latrōnis, m. – robber

*lātus, lāta, lātum – wide

*laudo, laudare, laudavi – praise

*lavō, lavāre, lāvī – wash

*lectus, lectī, m. – couch, bed

lēgō, lēgāre, lēgāvī – bequeath

*legō, legere, lēgī – read

lēniō, lēnīre, lēnīvī – soothe, calm down

lēniter – gently

*lentē – slowly

*leō, leōnis, m. – lion

libellus, libellī, m. – little book

*libenter – gladly

*liber, librī, m. – book

*līberālis – generous

*līberō, līberāre, līberāvī – free, set free

lībertās, lībertātis, f. – freedom

*lībertus, lībertī, m. – freedman, ex-slave

līmōsus, līmōsa, līmōsum – muddy

*lītus, lītoris, n. – sea-shore, shore

*locus, locī, m. – place

*longus, longa, longum – long

loquāx, *gen.* loquācis – talkative

lucrum, lucrī, n. – profit

*lūna, lūnae, f. – moon

m

magicus, magica, magicum – magic

magis – more

magnificus, magnifica, magnificum – splendid, magnificent

*magnus, magna, magnum – big, large, great

maior, *gen.* maiōris – bigger, larger, greater

mālus, mālī, m. – mast

mandō, mandāre, mandāvī – order, entrust

*māne – in the morning

*maneō, manēre, mānsī – remain, stay

*manus, manūs, f. – hand

*mare, maris, n. – sea

*marītus, marītī, m. – husband

*māter, mātris, f. – mother

mātrōna, mātrōnae, f. – lady

maximē – most of all, very much

*maximus, maxima, maximum – very big, very large, very great

mē *see* ego

medicāmentum, medicāmentī, n. – ointment

medicīna, medicīnae, f. – medicine

*medicus, medicī, m. – doctor

*medius, media, medium – middle

*melior – better

melius est – it would be better

*mendāx, mendācis, m. – liar

*mēnsa, mēnsae, f. – table

*mercātor, mercātōris, m. – merchant

merx, mercis, f. – goods, merchandise

*meus, mea, meum – my, mine

mī dulcissime! – my dear fellow!

mihi *see* ego

*mīles, mīlitis, m. – soldier

mīlitō, mīlitāre, mīlitāvī – be a soldier

*minimē! – no!

*mīrābilis – marvellous, strange, wonderful

mīrāculum, mīrāculī, n. – miracle

*miser, misera, miserum – miserable, wretched, sad

o mē miserum! – O wretched me!

*mittō, mittere, mīsī – send

moneō, monēre, monuī – warn, advise

*mōns, montis, m. – mountain

mōnstrum, mōnstrī, n. – monster

monumentum, monumentī, n. – monument

moritūrus, moritūra, moritūrum – going to die

*mors, mortis, f. – death

*mortuus, mortua, mortuum – dead

*mox – soon

mulceō, mulcēre, mulsī – stroke

*multitūdō, multitūdinis, f. – crowd

*multus, multa, multum – much

* multī – many

*mūrus, mūrī, m. – wall

mūs, mūris, m.f. – mouse

mystēria, mystēriōrum, n. pl. – mysteries, secret worship

n

*nam – for

*nārrō, nārrāre, nārrāvī – tell, relate

natō, natāre, natāvī – swim

nātūra, nātūrae, f. – nature

naufragium, naufragiī, n. – shipwreck

*nauta, nautae, m. – sailor

*nāvigō, nāvigāre, nāvigāvī – sail

*nāvis, nāvis, f. – ship

*necesse – necessary

*necō, necāre, necāvī – kill

nefāstus, nefāsta, nefāstum – dreadful

*neglegēns, *gen.* neglegentis – careless

*negōtium, negōtiī, n. – business

*nēmō – no one, nobody

neque . . . neque – neither . . . nor

nīdus, nīdī, m. – nest

niger, nigra, nigrum – black

*nihil – nothing

Nīlus, Nīlī, m. – the river Nile

*nōbilis – noble, of noble birth

nōbīs *see* nōs

noceō, nocēre, nocuī – hurt

noctū – by night

*nōlō, nōlle, nōluī – not want

nōlī – do not, don't

nōmen, nōminis, n. – name

*nōn – not

*nōnne? – surely?

nōnnūllī, nōnnūllae – some, several

*nōs – we, us

nōbīscum – with us

*noster, nostra, nostrum – our

*nōtus, nōta, nōtum – well-known, famous

*novem – nine

*nōvī – I know

*novus, nova, novum – new

*nox, noctis, f. – night

*nūbēs, nūbis, f. – cloud

*nūllus, nūlla, nūllum – not any, no

*num? – surely . . . not?

*numerō, numerāre, numerāvī – count

numerus, numerī, m. – number

*numquam – never

*nunc – now

*nūntiō, nūntiāre, nūntiāvī – announce

*nūntius, nūntiī, m. – messenger

nūper – recently

nūptiae, nūptiārum, f.pl. – wedding

o

obeō, obīre, obiī – meet

obruō, obruere, obruī – overwhelm

obstinātus, obstināta, obstinātum – stubborn

*obstō, obstāre, obstitī – obstruct, block the way

obtulī *see* offerō

occāsiō, occāsiōnis, f. – opportunity

occupātus, occupāta, occupātum – busy

*octō – eight

*oculus, oculī, m. – eye

offendō, offendere, offendī – displease

*offerō, offerre, obtulī – offer

officīna, officīnae, f. – workshop

*ōlim – once, some time ago

ōlla, ōllae, f. – vase

omittō, omittere, omīsī – drop

*omnis – all

operae, operārum, pl. – hired thugs

opportūnē – just at the right time

oppugnō, oppugnāre, oppugnāvī – attack

*optimē – very well

*optimus, optima, optimum – very good, excellent, best

*ōrdō, ōrdinis, m. – row, line

ōrnāmentum, ōrnāmentī, n. – ornament

ōrnātrīx, ōrnātrīcis, f. – hairdresser

ōrnātus, ōrnāta, ōrnātum – decorated, elaborately furnished

*ostendō, ostendere, ostendī – show

ōtiōsus, ōtiōsa, ōtiōsum – idle, on holiday, on vacation

p

*paene – nearly, almost

palaestra, palaestrae, f. – palaestra, exercise ground

palūs, palūdis, f. – marsh, swamp

*parātus, parāta, parātum – ready, prepared

*parēns, parentis, m.f. – parent

pāreō, pārēre, pāruī – obey

*parō, parāre, parāvī – prepare

*pars, partis, f. – part

*parvus, parva, parvum – small

*pater, patris, m. – father

patera, paterae, f. – bowl

*paucī, paucae – few, a few

paulātim – gradually

*paulīsper – for a short time

paulum, paulī, n. – little, a little

*pāx, pācis, f. – peace

*pecūnia, pecūniae, f. – money

pendeō, pendēre, pependī – hang

*per – through

percutiō, percutere, percussī –
  strike
*pereō, perīre, periī – die, perish
*perīculōsus, perīculōsa,
    perīculōsum – dangerous
*perīculum, perīculī, n. –
    danger
  perītē – skilfully
  perītia, perītiae, f. – skill
*persuādeō, persuādēre,
    persuāsī – persuade
*perterritus, perterrita,
    perterritum – terrified
*perveniō, pervenīre,
    pervēnī – reach, arrive at
*pēs, pedis, m. – foot, paw
*pessimus, pessima, pessimum
    – worst, very bad
*pestis, pestis, f. – pest,
    scoundrel
*petō, petere, petīvī – make for,
    attack, seek, beg for, ask
    for
  pharus, pharī, m. – lighthouse
  pīca, pīcae, f. – magpie
  pictor, pictōris, m. – painter
  pius, pia, pium – respectful to
    the gods
*placeō, placēre, placuī – please,
    suit
  placidus, placida, placidum –
    calm, peaceful
  plānē – clearly
*plaudō, plaudere, plausī –
    applaud, clap
*plaustrum, plaustrī, n. –
    wagon, cart

*plūrimus, plūrima,
    plūrimum – most
* plūrimī, plūrimae – very
    many
  plūs, *gen.* plūris – more
*pōculum, pōculī, n. – wine-cup
  poena, poenae, f. – punishment
    poenās dare – pay the
    penalty, be punished
*poēta, poētae, m. – poet
*pompa, pompae, f. –
    procession
*pōnō, pōnere, posuī – put,
    place, put up
  pontifex, pontificis, m. – high
    priest
*porta, portae, f. – gate
  portāns, *gen.* portantis –
    carrying
*portō, portāre, portāvī –
    carry
*portus, portūs, m. – harbour
*poscō, poscere, poposcī –
    demand, ask for
  possideō, possidēre, possēdī –
    possess
*possum, posse, potuī – can, be
    able
*post – after, behind
*posteā – afterwards
*postquam – after, when
*postrēmō – finally, lastly
*postrīdiē – on the next day
*postulō, postulāre, postulāvī –
    demand
  posuī *see* pōnō
  potuī *see* possum

praeceps, *gen.* praecipitis –
   headlong
praedium, praediī, n. – estate
praemium, praemiī, n. – profit,
   prize
praeruptus, praerupta,
   praeruptum – steep
*praesidium, praesidiī, n. –
   protection
*praesum, praeesse, praefuī –
   be in charge of
praetereō, praeterīre,
   praeteriī – go past
prāvus, prāva, prāvum – evil
*precēs, precum, f.pl. – prayers
premō, premere, pressī – push
*pretiōsus, pretiōsa,
   pretiōsum – expensive,
   precious
pretium, pretiī, n. – price
prīmō – first
*prīmus, prīma, prīmum – first
*prīnceps, prīncipis, m. – chief,
   chieftain
*prior – first, in front
*prō – in front of
probus, proba, probum –
   honest

*prōcēdō, prōcēdere, prōcessī –
   advance, proceed
*prōcumbō, prōcumbere,
   prōcubuī – fall down
*prōmittō, prōmittere, prōmīsī –
   promise
*prope – near
prōvideō, prōvidēre,
   prōvīdī – foresee
proximus, proxima, proximum
   – nearest
psittacus, psittacī, m. – parrot
*puella, puellae, f. – girl
*puer, puerī, m. – boy
*pugna, pugnae, f. – fight
pugnāns, *gen.* pugnantis –
   fighting
*pugnō, pugnāre, pugnāvī –
   fight
*pulcher, pulchra, pulchrum –
   beautiful
*pulsō, pulsāre, pulsāvī – hit,
   knock at, thump, punch
*pūniō, pūnīre, pūnīvī – punish
puppis, puppis, f. – stern
puto, putāre, putāvī – think

q

quā – from whom
*quadrāgintā – forty
quae – who, which
quaerēns, *gen.* quaerentis –
   searching for, looking for
*quaerō, quaerere, quaesīvī –
   search for, look for

*quam – (1) how
*quam – (2) than
   quam celerrimē – as quickly
   as possible
quam – (3) whom, which
*quamquam – although

quārtus, quārta, quārtum –
  fourth
quās – whom, which
*quattuor – four
*-que – and
quem – whom, which
*quī – who, which
quid? – what?
    quid agis? – how are you?
    quid vīs? – what do you want?
quīdam – one, a certain
quidquam – anything
quiēscō, quiēscere, quiēvī –
  rest
quiētus, quiēta, quiētum –
  quiet

quīndecim – fifteen
quīngentī, quīngentae – five
  hundred
*quīnquāgintā – fifty
*quīnque – five
*quis? – who?
*quō? – (1) where, where to?
quō – (2) from whom
*quod – (1) because
quod – (2) which
*quondam – one day, once
*quoque – also, too
quōs – whom, which
quot? – how many?
quotannīs – every year

r

rādō, rādere, rāsī – scratch
*rapiō, rapere, rapuī – seize,
  grab
rārō – rarely
raucus, rauca, raucum – harsh
recidō, recidere, reccidī – fall
  back
*recipiō, recipere, recēpī –
  recover, take back
sē recipere – recover
recitāns, *gen.* recitantis –
  reciting
recitō, recitāre, recitāvī –
  recite
rēctā – directly, straight
rēctus, rēcta, rēctum – straight
recumbēns, *gen.* recumbentis –
  lying down, reclining
*recumbō, recumbere, recubuī –
  lie down, recline

*recūsō, recūsāre, recūsāvī –
  refuse
*reddō, reddere, reddidī – give
  back
*redeō, redīre, rediī – return, go
  back, come back
referō, referre, rettulī – carry,
  deliver
reficiō, reficere, refēcī – repair
rēgīna, rēgīnae, f. – queen
*relinquō, relinquere, relīquī –
  leave
*remedium, remediī, n. – cure
rēmus, rēmī, m. – oar
renovō, renovāre, renovāvī –
  restore
reportō, reportāre, reportāvī –
  carry back

*rēs, reī, f. – thing
   rem intellegere – understand
     the truth
   rem nārrāre – tell the story
*resistō, resistere, restitī –
   resist
*respondeō, respondēre,
   respondī – reply
  respōnsum, respōnsī, n. –
   answer
*retineō, retinēre, retinuī – keep,
   hold back
*reveniō, revenīre, revēnī –
   come back, return

*rēx, rēgis, m. – king
rhētor, rhētoris, m. – teacher
*rīdeō, rīdēre, rīsī – laugh, smile
rīpa, rīpae, f. – river bank
rōbustus, rōbusta, rōbustum –
   strong
*rogō, rogāre, rogāvī – ask
Rōmānus, Rōmāna,
   Rōmānum – Roman
rosa, rosae, f. – rose
rudēns, rudentis, m. – cable,
   rope
*ruō, ruere, ruī – rush

S

saccus, saccī, m. – bag, purse
*sacer, sacra, sacrum – sacred
*sacerdōs, sacerdōtis, m. –
   priest
sacrificium, sacrificiī, n. –
   offering, sacrifice
sacrificō, sacrificāre, sacrificāvī
   – sacrifice
*saepe – often
*saeviō, saevīre, saeviī – be in
   a rage
*saltō, saltāre, saltāvī – dance
*salūtō, salūtāre, salūtāvī –
   greet
*salvē! – hello!
sānē – obviously
*sanguis, sanguinis, m. – blood
sānō, sānāre, sānāvī – heal,
   cure

sapiēns, *gen.* sapientis – wise
*satis – enough
*saxum, saxī, n. – rock
scapha, scaphae, f. – punt,
   small boat
scelestus, scelesta, scelestum –
   wicked
scindō, scindere, scidī – tear,
   tear up
scio, scīre, scīvī – know
*scrībō, scrībere, scrīpsī – write
scrīptor, scrīptōris, m. – writer,
   sign-writer
scurrīlis – rude
*sē – himself, herself,
   themselves
  sēcum – with him, with her,
   with them
seco, secāre, secuī – cut

*secundus, secunda, secundum
    – second
  ventus secundus –
    favourable, following
    wind
  sēcūrus, sēcūra, sēcūrum –
    without a care
*sed – but
  sedēns, *gen.* sedentis –
    sitting
*sedeō, sedēre, sēdī – sit
  seges, segetis, f. – crop, harvest
*sella, sellae, f. – chair
*scmpcr – always
*senātor, senātōris, m. – senator
*senex, senis, m. – old man
*sententia, sententiae, f. –
    opinion
*sentiō, scntīrc, scnsī – feel,
    notice
*septem – seven
  sēricus, sērica, sēricum – silk
*sermō, sermōnis, m. –
    conversation
  serviō, servīre, servīvī – serve
    (as a slave)
*servō, servāre, servāvī – save,
    look after
*servus, servī, m. – slave
*sex – six
  sī – if
  sibi – to him, to her, to them
*sīcut – like
  signātor, signātōris, m. –
    witness
  signō, signāre, signāvī – sign,
    seal

*signum, signī, n. – sign, seal,
    signal
  silentium, silentiī, n. –
    silence
*silva, silvae, f. – wood
*simulac, simulatque – as soon
    as
*sine – without
  situs, sita, situm – situated
  situs, sitūs, m. – position, site
  sōl, sōlis, m. – sun
*soleō, solēre – be accustomed
  sollemniter – solemnly
  sollicitūdō, sollicitūdinis, f. –
    anxiety
*sollicitus, sollicita, sollicitum –
    worried, anxious
  sōlum – only
*sōlus, sōla, sōlum – alone,
    lonely, only, on one's own
  solūtus, solūta, solūtum –
    untied, cast off
  solvō, solvere, solvī – untie,
    cast off
  somnium, somniī, n. – dream
*sonitus, sonitūs, m. – sound
  sonō, sonāre, sonuī – sound
*sordidus, sordida, sordidum –
    dirty
  spargō, spargere, sparsī –
    scatter
  sparsus, sparsa, sparsum –
    scattered
*spectāculum, spectāculī, n. –
    show, spectacle
  spectātor, spectātōris, m. –
    spectator

*spectō, spectāre, spectāvī –
  look at, watch
splendidus, splendida,
  splendidum – splendid
spongia, spongiae, f. – sponge
stāns, *gen.* st̩antis – standing
*statim – at once
statua, statuae, f. – statue
*stō, stāre, stetī – stand, lie at
  anchor
*stola, stolae, f. – dress
studeō, studēre, studuī – study
stultē – stupidly, foolishly
*stultus, stulta, stultum –
  stupid, foolish
suāvis – sweet
*suāviter – sweetly
*subitō – suddenly
sūdō, sūdāre, sūdāvī – sweat
sufficiō, sufficere, suffēcī – be
  enough
*sum, esse, fuī – be

summergō, summergere,
  summersī – sink, dip
*summus, summa, summum –
  highest, greatest, top
*superō, superāre, superāvī –
  overcome, overpower
*supersum, superesse, superfuī
  – survive
*surgō, surgere, surrēxī – get up,
  rise
suscipiō, suscipere, suscēpī –
  undertake, take on
sustulī *see* tollō
susurrāns, *gen.* susurrantis –
  whispering, muttering
susurrō, susurrāre, susurrāvī –
  whisper, mutter
*suus, sua, suum – his, her,
  their, his own
Syrī, Syrōrum, m.pl. – Syrians
Syrius, Syria, Syrium –
  Syrian

t

*taberna, tabernae, f. – shop,
  inn
tabernārius, tabernāriī, m. –
  shopkeeper
tablīnum, tablīnī, n. – study
*taceō, tacēre, tacuī – be silent,
  be quiet
tacē! – shut up! be quiet!
*tacitē – quietly, silently
*tam – so
*tamen – however
*tandem – at last

tantus, tanta, tantum – so
  great, such a great
taurus, taurī, m. – bull
tē *see* tū
tempestās, tempestātis, f. –
  storm
*templum, templī, n. – temple
*temptō, temptāre, temptāvī –
  try
tenēns, *gen.* tenentis – holding
*teneō, tenēre, tenuī – hold
tergeō, tergēre, tersī – wipe

*tergum, tergī, n. – back
*terra, terrae, f. – ground, land
*terreō, terrēre, terruī –
    frighten
terribilis – terrible
*tertius, tertia, tertium – third
testāmentum, testāmentī, n. –
    will
theātrum, theātrī, n. – theatre
tibi *see* tū
tībīcen, tībīcinis, m. – pipe
    player
*timeō, timēre, timuī – be
    afraid, fear
timidus, timida, timidum –
    fearful, frightened
toga, togae, f. – toga
*tollō, tollere, sustulī – raise,
    lift up, hold up
*tot – so many
*tōtus, tōta, tōtum – whole
*trādō, trādere, trādidī – hand
    over
tragoedia, tragoediae, f. –
    tragedy
*trahō, trahere, trāxī – drag
tranquillitās, tranquillitātis,
    f. – calmness

trānseō, trānsīre, trānsiī –
    cross
*trēs – three
triclīnium, triclīniī, n. –
    dining-room
*trīgintā – thirty
trīstis – sad
trivium, triviī, n. – crossroads
trūdō, trūdere, trūsī – push,
    shove
*tū, tuī – you (singular)
    tēcum – with you (singular)
*tuba, tubae, f. – trumpet
tubicen, tubicinis, m. –
    trumpeter
tulī *see* ferō
*tum – then
tumultus, tumultūs, m. – riot
tunica, tunicae, f. – tunic
*turba, turbae, f. – crowd
turbulentus, turbulenta,
    turbulentum – rowdy,
    disorderly
tūtus, tūta, tūtum – safe
    tūtius est – it would be safer
*tuus, tua, tuum – your, yours

u

*ubi – where, when
*umbra, umbrae, f. – shadow,
    ghost
*umerus, umerī, m. – shoulder
*unda, undae, f. – wave
unde – from where
unguis, unguis, m. – claw

unguō, unguere, ūnxī – anoint,
    smear
*ūnus, ūna, ūnum – one
*urbs, urbis, f. – city
ursa, ursae, f. – bear
ut – as
*ūtilis – useful
*uxor, uxōris, f. – wife

V

*valdē – very much, very
*valē – goodbye
valvae, valvārum, f.pl. – doors
*vehementer – violently, loudly
vehō, vehere, vēxī – carry
*vēnātiō, vēnātiōnis, f. – hunt
*vēndō, vēndere, vēndidī – sell
venia, veniae, f. – mercy
*veniō, venīre, vēnī – come
ventus, ventī, m. – wind
vēr, vēris, n. – spring
*verberō, verberāre, verberāvī –
    strike, beat
versus, versūs, m. – verse, line
    of poetry
versus magicus – magic spell
*vertō, vertere, vertī – turn
    sē vertere – turn round
vērus, vēra, vērum – true, real
*vexō, vexāre, vexāvī – annoy
*via, viae, f. – street
vibrō, vibrāre, vibrāvī – wave,
    brandish
vīcīnus, vīcīna, vīcīnum –
    neighbouring, nearby
*victor, victōris, m. – victor,
    winner
*videō, vidēre, vīdī – see
*vīgintī – twenty
vīlicus, vīlicī, m. – bailiff,
    manager
vīlis – cheap
*vīlla, vīllae, f. – house, villa
*vincō, vincere, vīcī – win, be
    victorious

vindex, vindicis, m. –
    champion, defender
*vīnum, vīnī, n. – wine
*vir, virī, m. – man
virga, virgae, f. – rod, stick
vīs, f. – force, violence
vīs see volō
vīsitō, vīsitāre, vīsitāvī – visit
*vīta, vītae, f. – life
vītō, vītāre, vītāvī – avoid
vitreārius, vitreāriī, m. –
    glassmaker
vitreus, vitrea, vitreum – glass,
    made of glass
vitrum, vitrī, n. – glass
*vituperō, vituperāre,
    vituperāvī – blame, curse
*vīvō, vīvere, vīxī – live, be alive
*vix – hardly, scarcely
vōbīs see vōs
*vocō, vocāre, vocāvī – call
*volō, velle, voluī – want
    quid vīs? – what do you want?
*vōs – you (plural)
*vōx, vōcis, f. – voice
vulnerātus, vulnerāta,
    vulnerātum – wounded
*vulnerō, vulnerāre,
    vulnerāvī – wound, injure
*vulnus, vulneris, n. – wound
vult see volō

Z

zōna, zōnae, f. – belt